·文物知识系列

青铜器卷

中国文物学会专家委员会主编

山东教育出版社

《名家点金·文物知识系列》编辑委员会

主　　编：中国文物学会专家委员会
执行主编：刘　炜　段国强
顾　　问：吕济民　罗哲文　谢辰生　彭卿云
编　　委：杜廼松　李辉柄　单国强　刘　炜　田　村
　　　　　段国强　陆晓如　侯　闽　刘　烁

目　录

一　铜材篇　1
1. 什么是自然铜？　2
2. 什么是青铜？　4
3. 什么是青铜器？　4
4. 什么是金石并用时代？　8
5. 什么是青铜时代？　10

二　青铜工艺篇　13
1. 冶铜术如何诞生？　14
2. 浑铸与多合范　16
3. 什么是分铸法？　20
4. 失蜡法　22
5. 复合金属技术　24
6. 铜铁合铸　26
7. 印模法　28
8. 镶嵌绿松石　28
9. 红铜镶嵌　30
10. 错金银　32
11. 鎏金、包金、贴金　36
12. 线刻工艺　38

三　青铜器种类篇　41
1. 青铜礼器概述　42
2. 青铜食器概述　44
3. 鼎　46
4. 方鼎之最——后母戊大方鼎　50
5. 列鼎制度　52
6. 鬲　54
7. 甗　56

8. 簋 58
9. 盨与簠 60
10. 豆与铺 62
11. 盂与盆 64
12. 青铜酒器概述 66
13. 爵 68
14. 角 70
15. 斝 72
16. 盉 74
17. 觚 76
18. 觥 78
19. 觯 80
20. 尊的概述 82
21. 四羊方尊 84
22. 牺尊 86
23. 卣 88
24. 壶 90
25. 莲鹤方壶 92
26. 罍 94
27. 𨬍 98
28. 方彝 98
29. 青铜水器概述 100
30. 盘 102
31. 曾侯乙尊盘 104
32. 匜 106
33. 鉴与盥缶 106
34. 青铜乐器概述 108
35. 铙 110
36. 钟 112
37. 编钟制度 114
38. 曾侯乙编钟 116
39. 鼓 118

40. 青铜兵器概述 120
41. 戈与戟 122
42. 镞与弩机 126
43. 矛与殳 128
44. 钺与戚 132
45. 剑与铍 132
46. 青铜农具概述 136
47. 青铜工具概述 139
48. 青铜车马器概述 140
49. 秦陵铜车马 142
50. 符节 144
51. 印玺 146
52. 铜镜 148
53. 带钩 154
54. 熏炉 156
55. 灯 156
56. 度量衡 158
57. 货币 160

四 青铜器纹饰篇 165
1. 几何纹 166
2. 兽面纹 170
3. 龙纹 172
4. 凤鸟纹 176
5. 动物纹 178
6. 人物画像纹 182

五 青铜器铭文篇 185
1. 铭文发展史 186
2. 风格多样的书体 188
3. 铭文记载的历史 194

六　青铜器历史篇　197
1. 夏代青铜器　198
2. 商代早中期青铜器　200
3. 商代晚期青铜器　204
4. 神奇的三星堆青铜器　206
5. 南方的新干青铜器　210
6. 西周早期青铜器　212
7. 西周中晚期青铜器　214
8. 春秋战国青铜器　216
9. 秦汉青铜器　220
10. 魏晋南北朝铜器　224
11. 隋唐铜器　226
12. 宋至清代铜器　228
13. 滇族青铜器　230
14. 鄂尔多斯式青铜器　234

七　仿古伪作青铜器篇　237
1. 什么是仿古伪作青铜器？　238
2. 宋元仿古铜器　240
3. 明代仿古铜器　242
4. 清代仿古铜器　244
5. 仿古伪作青铜器的地点　246
6. 铜器伪作之法　250
7. 如何辨别伪铜器？　252

一 铜材篇

铜是人类创造物质文明的过程中，最早发现和利用的金属。通过对自然铜的认识和利用，原始先民开始人工炼铜，由此人类掌握的第一种合金——青铜诞生了。因此，在比铜性质更优的铁被发现和人工冶炼出来之前，青铜在人们的生产、生活中占有重要地位，青铜器更成为当时社会的重要物质基础。

1. 什么是自然铜?

人类在创造物质文明的过程中，最先发现和使用的金属是自然界蕴藏的铜。这种铜一般是指红铜，即自然铜，也称纯铜。多呈树枝状，像是根雕艺术品。含铜量高达98%～99%，表面有红色的金属光泽，硬度较低，伸展性好，只要直接捶打就可制成不同的器形。

虽然人类最早发现和利用的是自然铜，但自然铜毕竟是稀少的，大量的红铜必须通过冶炼铜矿石获得。在自然界蕴藏的铜矿石中，黄铜矿是分布最广的含铜矿物，也是现在提取铜的主要矿物原料。孔雀石是各种铜矿中除红铜外含铜量最高的铜矿石，含铜量达57.4%。孔雀石经常和自然铜并存在同一个地质层中，因它色呈翠绿，色彩艳丽，很早以来就为原始人所注意，甚至将其作为装饰品。此外，还有一种称硅孔雀石的矿物，含铜量为33.1%。古代称这种硅孔雀石为“碧钿”、“碧钿石”、“碧甸子”，如“兴安（今陕西安康）碧钿”、“会川（今四川会理）碧甸子”和“安宁（今云南安宁）碧钿子”等。绿松石也是一种含铜矿石，含铜量为7.8%。磷铁铜矿的含铜量最低，只有6.4%。原始先民将这些铜矿石放在炉中，通过木炭等还原剂将其变成红铜，由此学会了用孔雀石和木炭来冶炼红铜。通过锻打和冶炼红铜，人类逐步认识和掌握了金属的特点与性能，为青铜的发明奠定了基础。

距今约6000年前的陕西西安半坡和临潼姜寨的仰韶文化遗址出土了一些质地不纯的红铜片，是迄今所知最早利用自然铜加工的器物残片，但它质地较软，只适宜作小型工具或装饰品。考古学家一般将这种最早出现的红铜器称做早期铜器。

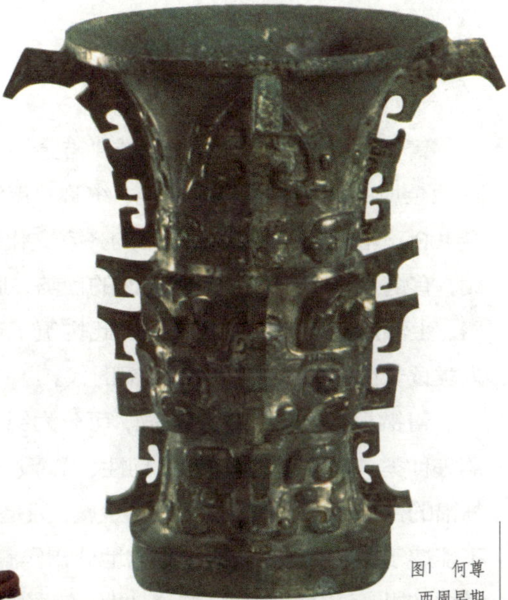

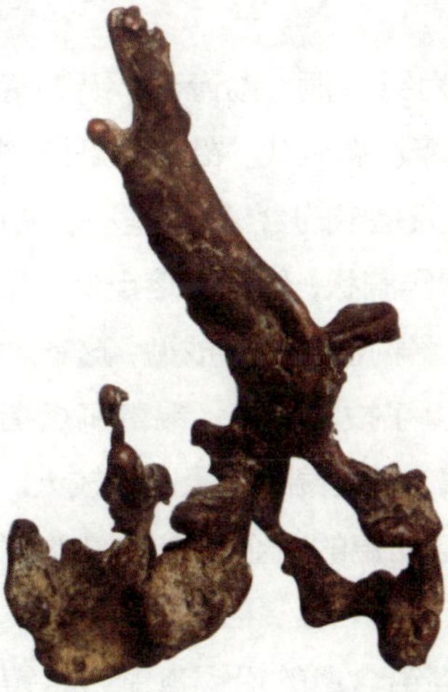

图1　何尊
西周早期
高38.8厘米　口径28.6厘米
1965年陕西宝鸡出土
现藏宝鸡市博物馆

图2　树枝状自然铜

图3　孔雀石

2

3

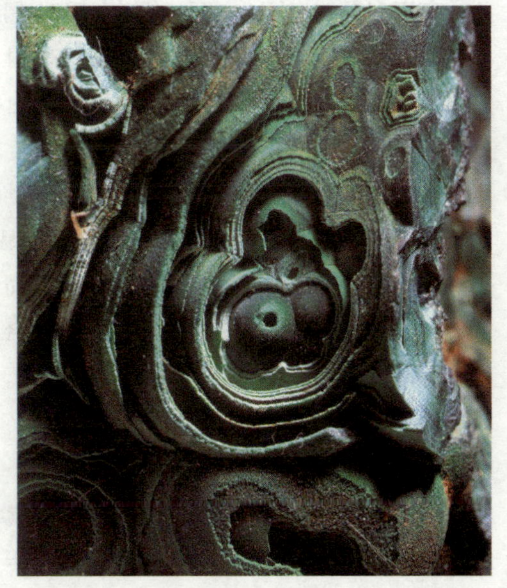

2．什么是青铜？

青铜，中国古代称“金”或“吉金”。它是红铜与锡、铅等其他金属的合金，因呈青灰色，统称“青铜”。它最早出现于距今4000年前的甘肃、青海一带的齐家文化遗址中。青铜与红铜相比，有熔点低、硬度大、耐腐蚀的优势，适宜制造生产工具、兵器、生活用具及雕塑艺术品。由此构筑了青铜时代的物质基础，人类逐步由石器时代进入到青铜时代。

青铜根据合金比例的不同，可分为铅青铜、锡青铜、铅锡青铜等种类，不同青铜的硬度、韧性、光泽也有变化。铅青铜是指铜与铅的合金，也含有微量的锡等金属，只是铅的含量比例较大。铅不能熔于铜，只能在铜液中均匀地分布作滴状，但铅的熔点低，在铜中加铅，可以加强铜液的流动性，使器物容易浇铸成型，这就为铸造花纹更繁缛、器壁更薄的容器提供了技术保证。锡青铜是指铜与锡的合金，也含有微量的铅等金属，只是锡的含量比例较大。纯铜熔点很高，加锡可降低熔点，而且加锡的合金具有较高的硬度和金属光泽。铅锡青铜是指铜与铅、锡的合金，铅、锡的含量比例均较大。二里头文化后期已经流行高铅含量的铅锡青铜合金铸造。商周时期的青铜，主要是锡青铜和铅锡青铜。

二里头文化的早期和中期，人们对铜、锡、铅的有关性质已有相当程度的认识。制作不同种类器物的不同合金比例，在《周礼·考工记》里已有明确记载，即“六齐”之说：“六分其金而锡居一，谓之钟鼎之齐。五分其金而锡居一，谓之斧斤之齐。四分其金而锡居一，谓之戈戟之齐。三分其金而锡居一，谓之大刃之齐。五分其金而锡居二，谓之削杀矢之齐。”闻名于世的后母戊方鼎，铜、锡比例为五比一，符合青铜礼器铜锡合金比例的标准。

3．什么是青铜器？

青铜器简称铜器，指用青铜制造的器物。根据用途的不同可分为礼器、食器、酒器、水器、乐器、车马器、兵器、工具、铜

图4　兽面乳钉纹方鼎
商早期
通高100厘米　口长62.5厘米　口宽60.8厘米　重82.4千克
1974年河南郑州张寨南街窖藏出土
现藏中国国家博物馆

镜、货币、玺印、符节、度量衡器和杂器等。在多种用途中，以“纳、入”和“设”为主，即以盛装物件和陈设布列为主，且从中反映出礼制、等级、教化等观念。

据考古发现，中国已知最早的青铜器，是甘肃东乡林家出土的马家窑文化的青铜小刀，据测定，年代约为公元前3000年。夏代青铜器已经较多出现，商周时期发展鼎盛，并且成为这一时期生产力发展的代表。春秋晚期至战国，由于铁器的推广使用，铜器开始减少。秦汉及以后，随着瓷器和漆器进入日常生活，铜器日益衰弱、消亡。虽然从时间上看，我国青铜器的出现晚于世界上其他一些地方，但是就青铜器的使用规模、铸造工艺、造型艺术及品种而言，世界上没有其他任何地方的铜器可以与中国古代铜器相比拟。

中国古代青铜器不仅历史悠久，而且造型庄重，表面大多铸有或刻有精美的纹饰，具有极高的艺术价值。商代及西周初期主要饰兽面纹、龙纹、夔纹及凤鸟纹等，繁缛神秘。西周中期以后盛行窃曲纹、环带纹及鳞纹等，春秋中期以后盛行蟠螭纹及蟠虺纹等，精细多变。春秋晚期以后出现的反映宴乐、狩猎、陆战及水战等古代社会生活、战争场面的纹饰，开汉代画像石艺术的先河，在中国美术史上占有重要的地位。

自商代始青铜器上出现铭文，字数由几字至几百字不等，记载了关于祭祀、征伐、赏赐、册命、训诰、盟约、诉讼、联谊婚媾及制造时间、地点、各级工序、工匠、监造官吏等诸多内容，保存了大量有关古代政治、军事、经济及文化的珍贵史料。

青铜器的铸造工艺，集中反映了先秦时期冶金技术取得的成就。从冶铜术的萌生至掌握多种青铜合金比例，从简单的浑铸成型至复杂的多合范铸造，从精细华美的失蜡法铸造到省时省力的印模法发明，从单一的铸造纹饰到镶嵌绿松石、错铜、错金银、鎏金银、包金贴金等多种绚丽缤纷的纹饰，无一不体现了冶金工艺的巨大进步。

总而言之，从造型、纹饰、铸造技艺和铭文书体及其有关史实的记载诸方面来看，青铜器都有着独具特色的卓越成就，是中华民族先辈们勤劳与智慧的结晶，也是中国人民对世界文明的重

图5　兽面纹双耳簋
商早期
高17.4厘米　口径24.5厘米　底径16.4厘米　重2.7千克
1974年湖北黄陂盘龙城遗址出土
现藏湖北省博物馆

要贡献。

【小辞典·画像石】

盛行于汉、魏、六朝及唐代。刻于古代门楣、石窟、祠堂、墓室、棺椁等外壁，是表现历史人物、神仙故事、社会生产和生活等内容的石刻。根据技法的不同，可分为阳刻和阴刻两大类。很多作品在结构、造型和线条的运用上，达到了朴质雄劲或生动遒劲的境界。著名的有汉代武氏祠画像石、孝堂山汉画像石、沂南墓画像石、密县汉画像石等。

4. 什么是金石并用时代?

中国在进入青铜时代以前，即原始社会解体之前的城邦时代，有一个冶铜技术孕育的漫长过程。根据近50年来的考古成果显示，在黄河流域的甘肃、青海、新疆、陕西、河南、山西、内蒙古、河北、山东等一些北方省区都先后出土有红铜、黄铜、锡青铜、铅锡青铜和铅青铜等早期铜器。其年代大都在公元前4600年至公元前2000年的新石器时代晚期。这个时期是石器时代向青铜时代的过渡时期，铜制工具与石木工具并存，因此被称做“金石并用时代”或“铜石并用时代”。

分布在黄河上游以甘肃、青海地区为中心的新石器时代晚期齐家文化，反映了远古时代的先民从新石器时代走向金石并用时代的历程。该文化的石器在社会生产活动中仍占主体，但出土有小件红铜或青铜的工具、饰件和铜镜，有冶铸或冷锻工艺，产品小，器形简单，出现了艺术装饰的萌芽，例如七角星纹铜镜，证实已出现具有小规模的青铜手工业。

在一些新石器时代晚期较早的文化中，如黄河流域的仰韶文化后期、大汶口文化和马家窑文化等出土的早期铜器较少，仅在个别地点发现了小件铜器或锻作铜器的痕迹，而在一些新石器晚期较晚的遗址中，如山东龙山文化、中原的龙山文化、西北的齐家文化和长江中游的石家河文化等遗址出土的早期铜器较多，

图6　七角星纹铜镜
新石器时代 · 齐家文化
直径8.9厘米　厚约0.3厘米
1977年青海贵南尕马台出土
现藏青海省文物考古队

图7　青铜刀
新石器时代 · 马家窑文化
长12.5厘米
甘肃东乡林家马家窑出土
现藏中国国家博物馆

种类包括手工工具、生活用品、装饰品和乐器等。因此，有的学者提出，中国的铜石并用时代可以分为两期，即仰韶文化的后期等属于早期铜石并用时代，而龙山文化等则属于晚期铜石并用时代。但不论是早期还是晚期，似乎都不是一个独立的考古学时代，也不应作为一个独立的物质文化发展阶段，而应包括在新石器时代之中。因为在铜石并用时代的文化遗存中，除了发现一些早期铜器外，其他方面与新石器时代遗存并没有明显区别，特别是没有改变其总体的新石器时代文化面貌，所以只能将其归入新石器时代的范畴之中。

5. 什么是青铜时代?

在人类技术发展史上，铜兵器和铜工具普及的时代，被称为青铜时代。“青铜时代”一词系由西方输入，最早是丹麦国家博物馆学者克·吉·汤姆森（Christian Jurgensen Thomsen，1788—1865）提出的。他将该馆藏品按照材质的不同区分为石器、青铜和铁器三个相互连接的时代。在哥本哈根出版的国家博物馆参观指南——《北方古物指南》一书中，他指出青铜时代乃是以红铜或青铜制成武器和切割器具的时代。此后，这种三个时代的区分法为丹麦以外的许多欧洲国家的考古学者所采纳、补充和发展。

1941年，英国人柴尔德（V.Gordon Childe）在赫胥黎演讲时，进一步将青铜时代分为三段模式。第一段模式中，兵器和装饰品用红铜与青铜的合金制作，专用工业的铜工具很少，石器制作精细。第二段模式中，红铜和青铜是手工业中常用的工具，但不用于农畜业和粗重作业。第三段模式中，青铜工具成为农业和繁重劳动常用工具。以上主要是欧洲青铜时代的特征。中国的青铜时代与欧洲的青铜时代有所不同，以大量使用青铜生产工具、兵器和青铜礼器为特征，尤其是礼器有着重要地位和作用。

中国进入青铜时代之前，经历了金石并用时代，即已发现青铜，但只是少量零星出土，且在社会生活中尚未占主导地位的阶段。中国的青铜时代从公元前2000年形成，经夏、商、西周和春

图8　三羊首尊
商晚期
高52厘米　口径41.3厘米　腹径61厘米　重51.2千克
现藏北京故宫博物院

秋时代，大约经历了15个世纪。商代晚期和西周，青铜冶铸业作为生产力发展的标志而达到高峰。春秋晚期进入铁器时代以后，冶铁工业的突飞猛进，使青铜器的铸造技术又有新发展，战国晚期高水平的青铜铸造业结束了青铜时代的历史使命。秦汉两代的青铜铸造工艺，仍然呈现出美丽的余辉。

【小辞典·铁器时代】

考古学的时代划分之一。指主要以铁为原料生产工具和武器的时代，广义上包括整个奴隶社会后期和封建社会阶段。考古学研究中主要是指铁器使用的初期阶段和各民族史前文化中的铁器文化阶段，又称为早期铁器时代。现今所知最早的铁器产生于公元前2000年左右的小亚细亚赫梯地区。中国最早的铁器出现于春秋时代，其一出现，便发挥了巨大的作用，促使中国社会发生了由奴隶制向封建制的变革。

二 青铜工艺篇

青铜器的铸造工艺，集中反映了先秦时期冶金工艺取得的重大成就。从冶铜术在原始社会漫长的制陶技术积累的基础上诞生，至商周时期掌握多种青铜合金比例，从青铜器诞生初期简单的浑铸成型至逐渐发展成熟的复杂的多合范分铸工艺，从可铸造精细华美器物的失蜡法的诞生到省时省力的印模法的发明，从单一的铸造纹饰到镶嵌绿松石、错铜、错金银、鎏金银、包金贴金等多种绚丽缤纷的纹饰，无一不是冶金工艺的巨大进步。

1．冶铜术如何诞生？

冶铜术的产生有三大必备要素，即矿石、还原气氛和高温。在这三个条件皆具备的情况下，冶铜术得以诞生。

铜矿石是冶铜术诞生的第一要素。世界范围内铜矿的储量丰富，仅中国最早的一部地理学著作《山海经》中就曾记载域内矿物种类达七八十种之多，矿物产地300余处。

铜矿石中除含铜外，还含有其他多种元素，因此冶铜需将铜从铜矿石中还原出来。还原焰的创造与控制就成为冶铜术产生的必备条件之一。陶器的烧造为还原气氛的营造提供了经验。一般来说，红陶和黄陶多是在氧化气氛中烧成的，而灰陶和黑陶则是在还原气氛中烧制的。新石器时代晚期大量出现的灰陶和黑陶，说明当时已经较成熟地掌握了还原气氛。

铜的熔点为1083℃，而一般铜矿石只要达到800℃～1100℃（或稍高）就可以熔化。在新石器时代中、晚期的制陶技术中就已经基本具备这种高温技术。根据对新石器时代中、晚期各地陶窑遗址的分析，一般窑火的温度在900℃～1050℃，最高可达1200℃。冶金史专家推测，当时已具备了冶铜术的高温条件。

在冶铜术产生的三个要素中，除铜矿石为天然条件外，其他两个都与新石器时代以来的制陶技术有着密切关系。概括而言，就是借鉴陶器的烧造技术和经验。从这个意义上说，铜器是在陶器的制作过程中孕育产生的。

中国是世界上最早发明冶铜技术的国家之一，但究竟始于何时，目前还很难作出明确的判断。陕西姜寨仰韶文化遗址发现两

图9　兽面纹提梁卣
商早期
通高50厘米　口径10厘米
1982年河南郑州向阳食品厂窖藏坑出土
现藏河南博物院

件黄铜制品，时代约为公元前4600年。经过检测分析，它们并非自然黄铜，而是经过重熔和浇铸，即经过原始的冶金技术铸造得到的，这表明中国的黄河中游地区至迟在公元前4600年前后已有冶铜术的萌生。

2. 浑铸与多合范

泥型浑铸法是青铜器重要的铸造工艺。它是一次性将若干模范扣紧，整体浇注完成的，多用于铸造器形比较简单的青铜器。

浑铸所用模范大都为陶质，少数为石或铁质。陶范刚性好，复印性、可塑性和可雕性优良，耐火度和化学稳定性足够，发气量低，具有较低的湿态收缩率，焙烧和冷却时变形量小，脱模性良好，透气性虽差，却具有良好的充型性能，但一般只能使用一次。石范能耐高温和多次反复使用，但是石质坚硬，加工难度大，不宜做容器和刻划花纹，只能用于铸造简单的工具和武器，使用范围有限。

模范一般由内范、外范组成。外范按器物外形制造，内范是比外范小的范芯。内外范之间的空隙用于容受铜液。模范要求耐高温，具有良好的机械强度，经得起铜液浇灌冲刺而不致损坏，质地细腻，以便能清晰反映出青铜器上的铭文和花纹。河南偃师二里头遗址发现了制作青铜器的陶范，证实夏代已经熟练掌握了用陶范铸造青铜器的技术。河南郑州南关外商代冶铜遗址出土的陶范有斧、刀、凿、锥等生产工具范，镞、戈等武器范，鬲、斝、觚、罍等礼器范；郑州紫荆山商代冶铜遗址出土的陶范有生产工具刀、锥范，各种礼器范，以及镞、戈等武器范，说明陶范铸造技术已非常普及。

一般铸造青铜工具和兵器都比较简单，只用一扇或两扇外范就行，不需用内范。而容器爵、角、斝、盉、鼎、簋、鬲、甗等，以及乐器钟等都是空体器的艺术铸件，在铸造技术上要复杂得多。不仅要有内范，外范还根据器物形状和浇注的需要分为若干块，刻好花纹后对合起来，称多合范或块范。二里头文化的青铜容器已采用多合范工艺。例如一件铜斝的铸造，已采用三腹范、一腹

图10　炼铜坩埚

图11　河南郑州商城南关外铸铜遗址出土的镞范

内范和一錾内范组成的模范。商周时期的青铜器大多采用多合范工艺铸造，著名的后母戊大方鼎就是这样制成的。它的鼎身由8块外范构成，鼎底由3块外范组成。

商周青铜器由于块范拼合，事实上不能保持精确的平衡。内范、外范之间若稍有不平衡，就容易造成青铜器器壁的厚薄不匀，或者产生重大的铸造缺陷。为了控制器壁的均匀和进行微小的校正，商周时代的工匠将厚薄相似的小块铜片垫在内外范之间，使内外范之间的空隙保持稳定和均匀，提高铸造质量。这在绝对多数的青铜器上是可以见到的，有的明显，有的隐蔽。垫片的合金与原器成分不一定相同，氧化的呈色也不相同。有的垫片采用当时旧铜器的碎块，有的碎块上还带有花纹。有的垫片整块不明显，或者只露出一小角的线痕。范内的垫片在浇铜液时不可能完全与铜液融合在一起，只要细心观察，总能发现。

多合范的范模技术的出现，标志着青铜铸造技术已摆脱原始的萌生状态。这在铸造工艺技术上是一个飞跃，奠定了中国艺术铸造技术的基础，并形成了中国青铜器的独立传统，开启了中国青铜艺术铸造发展的主流和方向，在中国艺术铸造史上占有非常重要的地位。这与两河流域古代青铜技术从一开始就出现失蜡铸造法明显不同，代表着各自不同的技术发展道路。

【名家点金】

判别青铜器是否用陶范法铸造，对于确定青铜器的真伪，是一个重要的方法。观察是否用陶范法铸造青铜器的主要方法，是看青铜器是否有块范对合的痕迹，即是否有“线”，也就是看应该合范处是否留有对合的痕迹。在商周时代，任何一件青铜容器，它的块范拼合的痕迹都有一定规格。随着时代的进步，合范的方法也有所改变。而任何一件块范铸造的青铜器，要想在拼合的地方不露痕迹，即使是最熟练的高手，也做不到天衣无缝。有的器物纹饰不多，表层素面较大，合范的痕迹容易修饰，但在隐蔽处，如鼎的耳内和腹下部，还是会遗留痕迹的。

——青铜器鉴定家　马承源

图12　人面纹方鼎

商晚期

通高38.5厘米　口长29.8厘米　23.7厘米

1959年湖南宁乡出土

现藏湖南省博物馆

3. 什么是分铸法?

分铸法是青铜器重要的铸造工艺，多用于铸造器形比较复杂的青铜器。一般先铸耳、足、环等附件，后铸器身，通过铸铆或铸焊工艺将各个附件与器身铸在一起；或先铸器身，然后将附件嵌在主体范中，灌注铜液，使器身和附件熔铸在一起。如铸造铜鼎是先铸鼎耳，再铸鼎腹，后铸鼎足。在铸鼎腹时，将鼎耳插入腹范，浇铸时即可连接在一起。铸鼎足时也是这样处理。

分铸技术的发明是商早期青铜铸造技术的一个重要创造。可以河南郑州向阳食品厂窖藏坑出土的兽面纹提梁卣为例。这是一件铸造水平很高的铸件，自然也是件铸造难度较大的容器，它是运用多范分铸而成的。先用两块外范铸好套环链，然后把套环链的一端在铸盖钮时与之相连，另一端穿以先铸的半圆形铜环并和后铸的提梁相铸接。用四块卣体外范、一块卣体内范以及四块半圆形外范合铸成带半圆形环耳的卣体。铸提梁时，在卣体二环耳内各加一块小范，提梁浇注后，去掉小范，形成间隙，使提梁通过环耳和卣身相连，而又能活动。正是由于这种分铸技术的运用，才解决了几个部件既相连接又不可拆卸的技术难题，从而向铸件复杂化迈进了一大步。商代晚期分铸工艺有了飞跃性发展。湖南宁乡出土的四羊方尊的四羊首是采用分铸法后，再与器体铸接在一起的，是商代晚期分铸法的典型代表。

春秋战国时期分铸法更加成熟，大量应用在器形复杂的青铜器上，为青铜艺术开辟了更加广阔的空间。山西侯马晋国都城新田遗址出土的大量陶范，印证了这种工艺已经达到顶峰。典型作品如河南淅川下寺出土的春秋中期的王子午鼎，鼎腹上的附饰怪兽的兽身、兽角、腰饰、尾饰先分铸出，然后焊接而成。其铸造方法是，先分别铸出兽身和附件，兽身的相应部位须铸出卯孔并将孔端的泥范挖出，附件须铸有榫头；然后将熔融的焊料灌入兽身的卯孔内，迅速将附件的榫头插入卯孔内，待冷凝后即焊接完成。

图13　王子午鼎
春秋中期
通高69厘米　口径66厘米
1978年河南淅川下寺出土
现藏河南博物院

4. 失蜡法

失蜡法，也称“走腊法”、“熔模法”，是青铜器重要的铸造工艺之一。它用蜡模代替陶模，无须脱模、泥模阴干、烧坯等多项工序，直接浇铸，并可以铸造出泥模无法铸造的复杂而精细的器件，特别是镂空器件，且光洁度高，是冶铸史上的一项重大发明。

失蜡法铸器的一般过程是：第一步，用泥质范料塑出内范并阴干；第二步，用黄蜡一类的易熔化的材料制成蜡片，贴于内范上；第三步，蜡片上刻花纹和镂空；第四步，将外范料稀释成泥浆，反复淋浇或涂于蜡模表面形成一定的厚度；第五步，将阴干的泥浆范料层外再裹上范料，阴干硬化形成铸型；第六步，烘烤型模，使蜡料熔化流出，从而形成型腔；第七步，浇注铜液；第八步，冷却后脱除内外范，形成铸件；最后，进行适当打磨抛光。

迄今所知我国最早的失蜡铸件是河南淅川下寺楚王子午墓出土的蟠虺纹铜禁器体及兽形附饰，铜鼎兽饰，铜盏的耳、足和盖钮等。特别是铜禁，四周围绕着的龙、纹饰结构复杂的边框均是用失蜡法铸造的。框边立体的错综结构的内部支条，还可见蜡条支撑的铸态。王子午即楚王的令尹子庚，其活动时期在公元前6世纪中叶。该墓出土的铜禁器件硕大，纹饰繁复，蜡模构成复杂，说明春秋中晚期之际，失蜡法早已脱离了其初始的状况而具有了相当的水准，已能成功地铸造出复杂的器件。

湖北随县曾侯乙墓出土的战国早期青铜尊、盘，出土时尊置于盘内，两件器物风格一致。本体为陶范法铸造，口沿为多层套合的镂空细密龙纹，由表层纹饰和内部多层次的铜梗组成，采用失蜡法铸成。其纹饰之精细、复杂，铸作之完好，即使就现代的精密铸造而言，其难度也是很大的，堪称失蜡法工艺的典范。

【小辞典 · 铜禁】

盛放酒器的器座，属于等级高贵的礼器。《仪礼 · 士冠

图14　蟠虺纹铜禁
春秋中晚期
长107厘米　宽47厘米
1979年河南淅川下寺出土
现藏河南省文物研究所

礼》记："两庑有禁。"郑玄注："禁，承尊之器也。"禁在青铜器中十分罕见，目前所见的只有三件，两件为西周早期的，一件为春秋晚期的，至今尚未见到商代晚期的禁。其形制均为长方案几形。

5．复合金属技术

复合金属技术是用两种金属成分通过二次铸造方法铸成一件器物，以充分发挥不同金属的综合性能。早在商代中晚期，中国已经应用锻打陨铁与青铜合铸于一体的铜铁复合技术来制作兵器。春秋战国时期，人们对青铜合金及其性能有了更充分的认识，发明创造了青铜复合剑，即剑刃和剑脊采用成分不同的青铜合金铸接成一把完整的兵器。由于剑脊与剑刃成分的差异，剑身表面产生两种色泽，因此青铜复合剑又被称作"双金属剑"和"双色剑"。

青铜复合剑采用分铸法铸成，过程如下：第一，铸造剑脊和剑柄内芯。第二，铸造双刃。按照剑身的形制，塑模并翻制外范，将青铜剑脊置于陶范中合范待浇注。第三，浇注高锡青铜，使剑刃紧紧抱合住剑脊两侧的榫头。第四，初步打磨剑身。冷却后清理铸件，从陶范中取出剑脊与剑刃的结合体，沿纵向磨削剑刃。第五，铸造剑柄部分。第六，开刃口，对整剑全面进行打磨修整，并磨削剑的刃口。正因为剑脊先铸，二次浇注前所必经的铸范预热及浇注时金属液的加热作用，使得脊部特别是被刃部包裹的榫端的金属组织长大变粗。剑刃后铸，被先铸的剑脊激化，使剑刃特别是紧包着榫端的卯部组织细化。同时，刃部凝固收缩对剑脊产生的紧固作用，也有助于刃和脊的联结。

代表作如著名的越王勾践剑，剑脊含铜较高，刃部含锡较高，剑格含铅较高。这是针对剑的不同部位的需要而设计的。两侧剑锷用含锡量19％左右的铜合金，目的在于提高剑刃的硬度，使之变得特别锋利，以保证其杀伤力。但是，硬度越高往往韧性越差，越容易脆裂。为了克服这一缺点，剑的中脊使用了低锡或含铅较多的合金，提高剑脊部分的含铜量，以提高剑的韧性，使

图15　越王勾践剑
春秋晚期
通长55.7厘米　身宽4.0厘米
1965年湖北江陵望山出土
现藏湖北省博物馆

之在格杀时不易折断。剑格使用含铅量比较高的合金，并经过人工氧化处理。这样，越王勾践剑巧妙地将硬度与韧性集于一身，成为强兵利器。

复合青铜剑既坚硬锋利又柔韧不易折断，达到了刚柔相济的效果，充分展现了中国古代对青铜合金的深刻认识和高超的青铜技术。

6．铜铁合铸

所谓铜铁合铸，是指器物的主体或部件为铁质，而与青铜合铸。铁有延展性，是可锻金属中除钴、镍外最坚韧的，硬度较铜要高。

以铁为主体的铜铸剑，如铁刃铜兵，在商代和西周时代都有所见。这时的铁不是冶炼出的铸铁，而是天然的陨铁。陨铁的特点是含镍量高。代表作如1972年河北藁城台西出土的一柄商代晚期的铁刃铜钺，阑、内为铜制，刃部为铁制，经鉴定为陨铁，已锈蚀。又如北京平谷刘家河出土的一柄铁刃铜钺，河南三门峡虢国墓地出土的铁刃铜戈等，所用的铁均是陨铁。以铁为刃，表明当时已认识到陨铁是可锻的珍异金属。

以铸铁和青铜合铸的器件，主要出现在战国时代。铜和铸铁合铸，较早的是河北平山出土的中山王鼎，器身、附耳为铜质，甚短的蹄形足为铁质。据此鼎的铭文纪年，当在公元前4世纪初。安徽寿县李三孤堆楚王墓出土的铜甗，下部的鬲也是铁足。该墓为楚幽王陵，时代在公元前3世纪初。其他地区，如湖北襄阳蔡坡、鄂城、江陵雨台山，湖南长沙识字岭，广西平乐银山岭等，都曾出土过铁足铜鼎。此外，全国还出土有较多的铜茎铁剑、铁铤铜矢等。

铜铁合铸的目的是为了节省铜料，而不是为了提高器物的价值，在实用性上对器物没有太大影响，因此这种用铜铁两种不同金属嵌铸或合铸的方法，一直传到后世。

图16　中山王䜌鼎
战国中期
通高51.5厘米　直径65.8厘米
1977年河北平山中山王䜌墓出土
现藏河北省文物研究所

7. 印模法

印模法，又称“拍印法”，是青铜器重要的铸造工艺之一。春秋出现，战国时期盛行。这一工艺是青铜器纹饰铸制的重大革新，一直影响到两汉，汉代砖刻大多也应用印模法制作。

印模法的做法是：用一块印花模子刻出基本花纹，趁陶模胎尚未全干时，用印模在上面拍印出若干花纹，一般都拍印成规整的四方连续图案；再将印好花纹的一块块外范拼合成完整的纹饰范，嵌入已经制好并预留出纹饰范位置的主体范上。印模工艺发明后，不再需要对青铜器上的每一纹饰都进行繁复、细致且费时费功的琢磨，从而使精雕细刻的效果与事半功倍的效率兼而有之。

印模法适宜于密集而精美的蟠虺纹、蟠螭纹、羽纹，以及布满器身的各种细密纹饰。因此，这种工艺在春秋时期发明后，改变了青铜器纹饰的风格。春秋中晚期至战国，青铜器盛行繁密、精细的纹饰，与商、西周时期流行怪诞的兽面纹明显不同。例如，河南三门峡上村岭出土的一件羽纹扁壶，扁腹分为五层长方格，格内满饰羽纹。此种羽纹就是用印模连续印制而成的，极其精致。

8. 镶嵌绿松石

镶嵌绿松石，又称错石、碧错，是青铜器重要装饰工艺之一。“错石”一词是容庚在《商周彝器通考》中提出的，古代嵌松石的铜器多经磨错，应与金错并称，故容庚称之为“错石”。做法一般是先在器物上铸成纹饰的沟槽，然后按照纹饰的规格磨制不同形状的绿松石片，用一种黏合剂将绿松石片嵌入青铜器表面的纹槽内。这主要用于小型器上的镶嵌。

早在新石器时代早期，绿松石的美丽色彩已被先民用于制作饰物。二里头文化时期青铜器最早使用了绿松石的镶嵌技艺。二里头遗址出土的圆形铜器和多件铜牌形饰，均是以绿松石镶

图17　羽纹扁壶
战国早期
高34.3厘米　口径12.5厘米
1975年河南三门峡上村岭出土
现藏河南博物院

嵌而成，制作十分精美。这批镶嵌铜器饰品是我国最早的铜镶玉（石）工艺的代表，既反映出当时较为先进的铸造工艺，又反映出较为熟练的金属镶嵌技术。例如1987年河南偃师二里头遗址六区出土的一件兽面铜牌饰，将四百余块大小不一的绿松石镶嵌在镂空的青铜框架上，背面没有任何依托。由于镶嵌工艺严密，历时3000多年仍不散落，足见其镶嵌技术之精湛。

镶嵌绿松石经过商代和西周的发展，至战国时期非常兴盛。一方面，小型器上的镶嵌趋于精致，如河南汲县山彪镇战国墓出土的铜带钩，长21厘米，通体用绿松石嵌成菱形几何纹和云雷纹图案。另一方面，镶嵌绿松石的器物已不仅仅限于小型器，容器也已较常见，如河南汲县山彪镇战国墓出土的一件方豆，通体饰云纹，杂嵌绿松石。吴越之地的绿松石还主要用于剑格的镶嵌，体现出尚武精神。

【小辞典 · 绿松石】

又称“松石”，古人称为“碧甸子”、“碧殿子”、“碧靛子”、“青琅玕”等。天然产出常为结核状、球状，形似松球，色近松树之绿而得名。不透明，土状至蜡状光泽，颜色有浅白、黄绿、草绿、浅蓝、天蓝、湖蓝等。质地细腻、温润，具有质感，是一种有着悠久历史和丰富资源的传统名贵材料。

9．红铜镶嵌

红铜镶嵌，又称错红铜，是青铜器重要装饰工艺之一。它利用青铜与红铜的色彩对比，使器物显得更生动和富丽堂皇。传世的商代青铜器上偶见错红铜者，未成风尚。直到春秋早期，错红铜青铜器开始发展，到了春秋晚期呈蔚为大观之势，种类繁多，风格多样。

广泛流行时期的红铜镶嵌，纹饰题材丰富，大体可归为三类：一是以鸟兽纹为主，如河北唐山贾各庄出土的狩猎纹壶和豆，河南辉县琉璃阁出土的扁壶等。二是水陆攻战纹，如河南山

图18 镶嵌云纹方豆
战国早期
高24.5厘米 边长12.5厘米
1935年河南汲县山彪镇出土
现藏河南博物院

彪镇出土的水陆攻战纹鉴和四川成都百花潭出土的水陆攻战纹壶。这类错红铜纹饰的青铜器各地都有发现，但纹饰的布局和样式基本相同，画面依情节展开，层次分明，疏密得宜，内容与技艺俱佳。三是单纯装饰图案，如云纹和云雷纹等。

红铜镶嵌纹饰的工艺可分为嵌错法和铸镶法两种。嵌错法是先在器体的相应部位铸就纹样沟槽，然后在纹槽中填充嵌错物。根据纹槽中嵌错物的不同，又分为嵌铜丝和嵌红铜片两种具体的方法。前者是将极细的红铜丝紧紧盘绕成条片，挤压入纹槽中，再磨错而成。后者是将红铜锤成薄片，再挤压入纹槽中，然后磨错而成。嵌错红铜之器有些残留有黏合剂的痕迹。

铸镶法是将红铜纹饰预先用陶范铸好，再将之用泥浆粘贴或用芯撑固定于器体的外范内面，或夹于内外范之间。整器浇注时，青铜凝固收缩将纹饰紧固。器铸成后再错磨外壁，即可呈现红铜本色。预先铸好的红铜纹饰的厚度，如果薄于器壁的厚度，则仅仅是器表单面露出红铜纹饰（大部分器物是如此），如河南固始侯古堆出土的兽纹缶；如果与器壁的厚度相同，器表面和里面均露出红铜纹饰，如上海博物馆收藏的夆叔匜。

10．错金银

错金银是青铜器重要装饰工艺之一。金不仅是贵重金属，还具有极好的延展性，可以制成极薄的箔或拔成极细的丝。银虽次之，但性能也属上乘。人们便利用它们优异的延展性，用来装饰器物。

错金银工艺的做法是：先在铜胎上预先铸出浅凹的图案或铭文字体，在凹槽的底部凿出糙面，以利结合，然后将预制的金银片或金银线加热，以易于变形，用刀具或玛瑙、玉石制成的压子将丝或片嵌压入槽内，用细错石或磨炭逐次加水错磨，再用皮革、织物细致抛光。

错金银工艺大多同时用于纹饰装饰上，使青铜器更加绚丽多彩，构图虚实相间，富有动感。错金银工艺也可单独使用在青铜器上，其中，错金工艺早于错银工艺。目前发现中国较早的错银实物

图19　镶嵌狩猎纹壶
战国早期
通高35.2厘米　口径10.9厘米
1951年河北唐山贾各庄出土
现藏中国国家博物馆

是洛阳中州路出土的战国早期错银铜器，错银工艺到战国中期达到繁盛状态，主要用于车马器、装饰品、日用品和部分礼器。

中国青铜器上的错金银装饰，出现于春秋中期或稍晚，较为稀见。代表器如栾书缶、子乍弄鸟尊、吉日壬午剑等。其中春秋中期晋国的栾书缶，器表有错金铭文40字，为目前所见最早的一件错金铭文铜器。

战国时期，错金银青铜器甚为流行，几乎各国制造的青铜礼器、生活器、兵器等都使用了这种新工艺。北方地区的三晋、秦国、魏国以及中山国出现了大量绚丽多彩的错金银青铜器，南方地区的楚国、吴越等的错金银工艺也别有特色，尤其是兵器上的错金工艺多于错银工艺。战国早期的错金银器以山西长治分水岭出土的豆和盘为代表，其通体错以变形龙纹、斜角云纹和垂叶纹；战国中期的以河北平山中山王墓为代表，如虎噬鹿屏风座、双翼神兽器座、铜牛等，通身金银交错，把原本就极为优美的造型装饰得富丽堂皇。此外，安徽寿县出土的鄂君启节的铭文和湖北随县出土的曾侯乙墓编钟的错金文字均堪称惊世之作。

两汉时期的错金银工艺在春秋、战国传统技术的基础上又有新的发展和创新。有不少金属艺术品，表面既错金又错银，有的还镶嵌以绿松石，构成绚丽多彩的图案。错金银技术达到流畅自如和出神入化的纯熟地步。尤其在一些王室和诸侯王等贵族墓葬中出土的金属细工铜器，可称得上是奇珍异宝。例如河北满城中山靖王刘胜墓出土的一件博山炉，通体以错金饰流云纹、卷云纹、鸟兽人物、山石树木等，线条流畅自如，体现出高超的工艺水平。又如江苏邗江广陵王刘荆墓出土的牛灯，通体饰错银的流云状龙凤纹，做工也十分精细。

【小辞典 · 三晋】

春秋时期的晋国，雄踞中原，为春秋五霸之一。公元前403年韩、赵、魏三家分晋，其版图比春秋时期的晋国扩张了许多，成为名副其实的中原大区。战国七雄其有三，三晋即指韩、赵、魏三国。

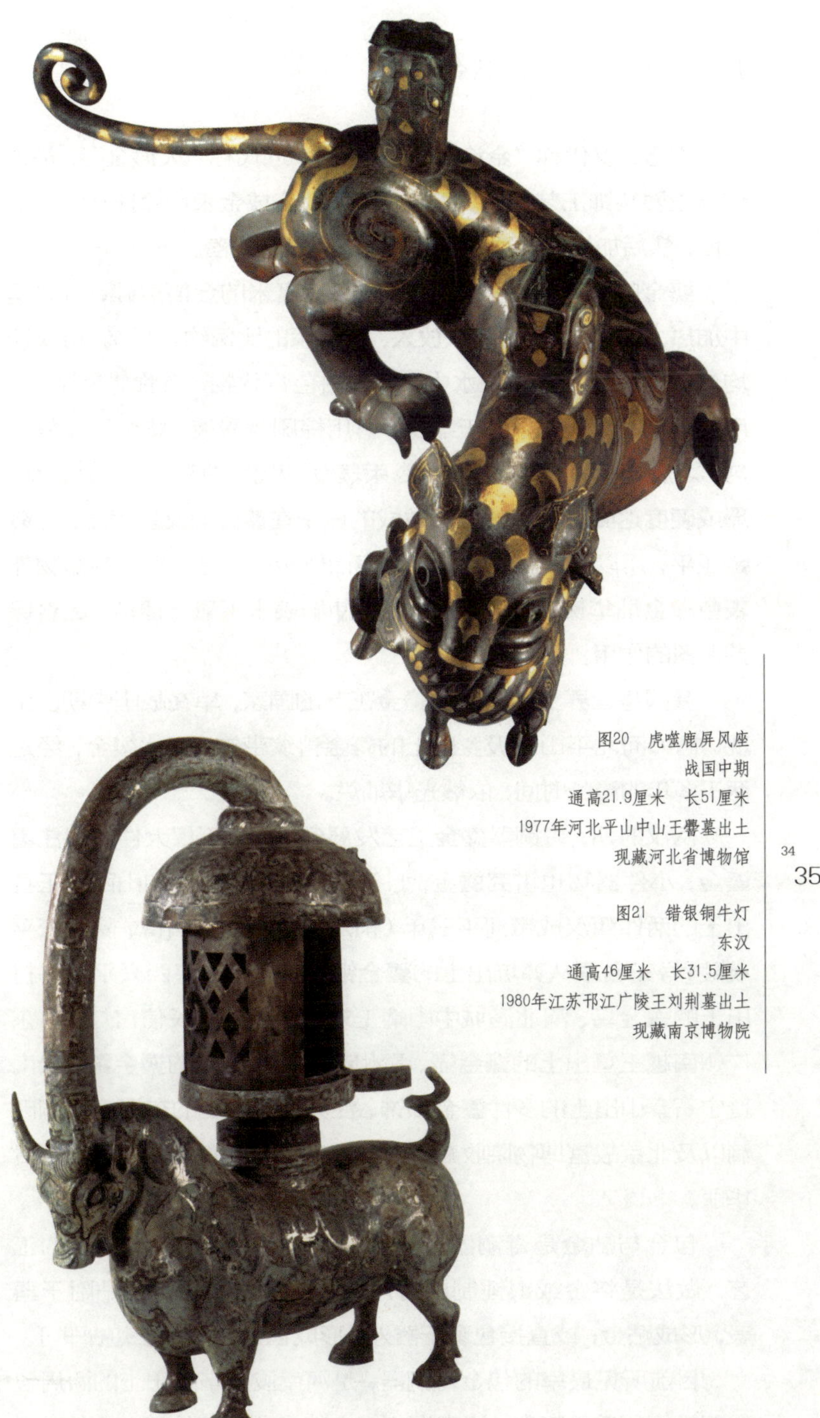

图20　虎噬鹿屏风座
战国中期
通高21.9厘米　长51厘米
1977年河北平山中山王譽墓出土
现藏河北省博物馆

图21　错银铜牛灯
东汉
通高46厘米　长31.5厘米
1980年江苏邗江广陵王刘荆墓出土
现藏南京博物院

11．鎏金、包金、贴金

鎏金，汉代称“金涂”、“黄涂”，近代称“火镀金”，是青铜器重要装饰工艺之一。即将金和水银合成金汞剂涂抹在青铜器表面，然后加热使水银蒸发，金附于器表不脱落。

鎏金的具体做法如下。先将厚约1毫米的金箔剪碎，置坩埚中加热，至400℃时再将汞放入，金与汞的比例约为1∶7。待搅拌均匀完全相熔后，倾入水中，成银白色膏状物，俗称“金泥”。用铜棍沾起金泥，涂抹于器表，再用棕刷蘸酸液，将金泥反复刷匀。之后，用木炭烘烤器表，令汞蒸发，称作“开金”。最后用玛瑙或硬度达到七八度的玉石做成的压子在镀金面反复磨压，把镀金压平，用以加固和光亮。这种表面鎏金的工艺，不但使器物外表色泽金灿华贵，永不褪色，而且使器表永不氧化褪色，起着保护铜器的作用。

我国是世界上最早使用鎏金工艺的国家，早在战国中期已出现。例如河北平山三汲乡出土的鎏金兽纹带钩，通体鎏金，经过两千多年的漫长时间，依然光华灿烂。

两汉时期，青铜器鎏金工艺发展到高峰。不仅大件容器注重鎏金，小件器物也讲究鎏金，且不乏上乘之作。例如山西右玉县出土的两件西汉成帝河平三年（前26年）鎏金铜酒樽、陕西兴平茂陵1号无名冢从葬坑出土的鎏金银竹节熏炉、陕西兴平豆马村出土的鎏金马、河北满城中山靖王刘胜墓出土的长信宫灯、广东广州南越王墓出土的鎏金壶、贵州赫章可乐出土的鎏金鍪、云南晋宁石寨山出土的多件鎏金扣饰、江苏徐州出土的东汉鎏金铜砚滴以及北京故宫博物院收藏的建武廿一年乘舆斛等，均显得富贵华丽。

包金与贴金是青铜器重要的装饰工艺，属于较为简单的工艺。做法是将金或银锤制成薄片或箔，以黏合剂将之贴附于器表，形成贴金；或直接包裹于器外，形成包金，再锤砑熨帖即可。

目前所见最早的包金青铜器，是河南浚县辛村出土的西周包金铜矛柄和兽头形器。河南郑州出土的春秋蟠螭纹兽首金饰片，

图22 鎏金兽纹带钩
战国
长19.2厘米 宽13厘米
1965年河北平山三汲乡出土
现藏河北省博物馆

图23 鎏金银竹节熏炉
西汉
通高58厘米
1981年陕西兴平茂陵1号无名冢丛葬坑出土
现藏茂陵博物馆

是镶包在铜器或漆木器上的残片，也是包金器的代表作。春秋晚期包金兴盛，各地发现了大量的包金铜贝等。战国车马器多采用此工艺，以山西长治分水岭出土的铜舟和车軎、湖北随县曾侯乙墓出土的145件马饰等为典型代表。

12．线刻工艺

线刻工艺是青铜器重要的装饰工艺之一，即用錾凿工具在青铜器表面刻划出花纹和铭文。工具要求很坚韧，强度很高，只有在铁工具和钢工具出现后才有可能产生。目前所见最早的刻制铭文当属西周晚期的晋侯钟，最早的刻制纹饰为春秋早期的薛国青铜簠。

春秋晚期至战国时期，线刻技巧、功力和数量上都有了突飞猛进的发展，可以在铜器上直接刻出细如毫发的阴线，线条细致、连续而流畅。线刻纹饰大量出现在青铜水器上，如匜、鉴、盘、杯等，盛水后细致的纹饰清晰可见，甚至在水波的映照下更加鲜活而生动。

线刻纹饰的主要内容为写实的图案，有人物、鸟兽、台榭楼阁、苑囿、车马以及宴乐、歌舞、战斗、祭祀的场面，流行纹饰有三角云纹、勾连雷纹、绳纹、贝纹、弦纹、花朵纹等，蟠螭纹则常常以简化的形式出现。画面布局合理，主次分明，层次清楚。

战国时期，江苏地区的吴国青铜器上刻纹较多见，约占全部出土刻纹器的一半以上。中原地区也不乏线刻工艺的精品，例如河南汲县山彪镇出土的水陆攻战纹鉴、山西长治出土的人物鸟兽纹匜、河北平山中山王墓出土的宴乐狩猎纹豆、故宫博物院珍藏的宴乐渔猎水陆攻战纹壶等，纹样有人物、建筑、花草树木、珍禽异兽，既有现实生活中的达官贵人，又有神话故事，构图繁缛，题材广泛，是社会生活的真实写照。其中故宫博物院珍藏的宴乐渔猎水陆攻战纹壶，器外壁以线刻工艺刻饰射礼、嫔妃采桑、飨食、奏乐、弋射、捕鱼、水陆攻战等画面，刻工精致，结构严谨，比例和谐，人物鸟兽形象生动，其内容对研究当时的生产、生活、战争、礼俗、建筑等都有着不可估量的价值。

图24　宴乐渔猎水陆攻战纹壶
战国早期
通高40.7厘米　口径10.9厘米
现藏北京故宫博物院

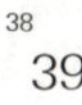

图25　动物纹臂甲
西汉
长21.7厘米　壁厚0.5厘米　筒径6.6～8.5厘米
1972年云南江川李家山出土
现藏云南省博物馆

西汉时，由于炼钢技术的进步，刻刀更加坚硬犀利，细线刻镂工艺更趋成熟。这种工艺在南方及西南地区更为发达。例如湖南长沙西汉晚期墓出土的鎏金铜酒樽，全器镂刻着精美、流畅、细腻的云气纹。广西合浦望牛岭一座西汉后期墓出土的铜凤灯、铜链壶、铜长颈壶、铜盘、铜博山炉等，都饰有细线刻镂的几何纹和凤鸟纹。云南江川李家山出土的西汉动物纹臂甲，在很薄的器壁表面线刻虎、豹、猪、猴、鱼、虾、蜂等动物图像，线条熟练清晰。这些图案均纤巧细腻，姿态优美，可见精雕细刻之功力，是细线刻镂的典型作品。

东汉时，青铜器上错金银装饰已不多见，而是在细线刻镂纹上错金银细丝，从而大大拓展了细线刻镂工艺的表现范围，也可说是错金银工艺的一种创新。

【小辞典·樽】

温酒或容酒器。温酒樽多为圆形，直壁，有盖，深腹，置兽首衔环耳，下置三足；盛酒樽器型与温酒樽略有不同，多为鼓腹，圜底，下置三足。青铜樽出现于战国时期，盛于汉代，沿用至魏晋，以后消失。

三　青铜器种类篇

中国青铜器的器类非常丰富。按器物的用途和性质可分为礼器、食器、酒器、水器、乐器、兵器、工具、农具及杂器等类，各大类中又有小类，如食器有鼎、簋、鬲、甗、盨、豆等，酒器有爵、斝、尊、觚、壶、卣、方彝等，兵器有戈、矛、钺、镞、剑等。可以说，青铜器普遍进入了先秦社会生产、社会生活、政治生活的各个领域之中。而各类青铜器反映的政治、经济、文化和技术等内容，更是广泛而丰富。

1. 青铜礼器概述

礼是古代贵族政治生活和社会生活的准则及其有关制度和仪式的综合概念。反映在物质文化上，除象征统治权力和地位的城池、宫殿、宗庙、大堂等大型建筑外，就是标志社会等级名分制度的各种礼器。特别是青铜容器自铸造之初，就被赋予了“明贵贱，辨等列”的特殊时代意义，被视为“器以藏礼”的名物礼器。

青铜礼器在商周自身器铭中多称为“彝”或“尊”、“尊彝”，即以钟鼎为代表的“彝器”是宗庙中常设之祭器，而这些祭器也就是青铜礼器。除祭祀外，征伐也是先秦社会的重要内容，因此除了祭祀礼器以外，还铸造了许多作战用的兵器，其中包括与战争仪式有关的礼仪兵器。

青铜礼器是商周社会统治阶级等级制度的产物，并作为统治权威的象征在这一社会背景下获得高度发展。它的造型和组合应是当时礼制的集中体现，既束缚了使用者，又为礼制所规范。因而青铜礼器的各种变化，包括器类、器形、纹饰、铭文及组合上的变化，可以视为礼制本身变化的外显。

夏代的名物礼器有陶器、漆器和少量铜器，其器类既有炊食器，也有酒器，且相互组合和配套使用，体现了“食酒并重”的特色。到商代早期，名物礼器制度发生变化，礼器的组合中，铜礼器日趋增多，并已基本取代了陶器和漆器，而且青铜礼器中开始以酒器为主，炊食器为辅，以“重酒的组合”为特色。在天道观的思想支配下，人们通过礼器上的各种纹饰对鬼神、祖先表达意愿，从来不直接描绘人们自身的活动，使青铜礼器显现出宗教崇

图26　太保方鼎
西周早期
通高57.6厘米　口长22.0厘米　口宽35.8厘米
传清道光、咸丰年间山东梁山出土
现藏天津博物馆

拜观念和艺术相结合的明显特征，这是青铜器艺术一个非常突出的现象。西周形成了整套礼制观念，礼器中蕴涵的礼制内容更加深刻而广泛，青铜礼器的组合从重酒礼制向重食礼制转变。春秋战国时期，随着王室的衰微，诸侯的崛起，人们对周礼的宗法制度的观念发生了变化，形成了“礼崩乐坏”的局面，青铜礼器也随之逐渐衰微。

2．青铜食器概述

青铜食器是古人烹饪、盛放食物的器皿或工具。按用途不同，可分为炊食器、盛食器和挹食器三种。炊食器主要用于烹鱼肉、煮稻粱熟食，有鼎、鬲、甗、鏊、釜几类。盛食器主要用于盛放黍、稷、稻、粱等熟食，有簋、盂、盨、豆、敦、铺、簠等类。器多有盖，以便保温，盖又可以翻转过来放置，以便盛食物进餐。挹食器主要用于挹取食物，仅有匕一种。

刚刚步入青铜时代的夏代，青铜食器仅有鼎一种，而且是在新石器时代广泛使用的陶鼎的基础上出现的。商代早期，食器种类增多，主要有鼎、鬲两种，也开始出现少量的甗、簋类器具。商代晚期，食器不仅数量增多，而且在礼器的组合中逐渐占据了重要的地位。如簋的组合从殷墟早期开始出现，但所占比例不大，至中期则渐趋流行，遂成为仅次于爵、觚、鼎的第四大器类。

西周时期，由于周人一直是重视农业的部族，以及吸取“殷人酗酒丧国”的教训等原因，酒器逐渐衰退，食器兴起。西周早期，青铜器食器的种类大体沿袭商代晚期的形制，但数量大大增多。至西周中晚期，出现了新的食器品种如盨、簠，之前已有的食器器类、器形、花纹、铭文更加发达。

春秋战国时期，随着社会大变革的发生，青铜工艺逐渐显露更新的面貌。青铜食器器类如簋、盨等开始消失，出现了一些新的器形，如敦、盆等，并由此逐渐形成新的食器组合形式。器形的设计则向着两个相反的方向发展：一种是以造型的美观为目的，外形华美而夸张；另一种则以实用为目的，外形简洁而轻巧。

秦汉时期，青铜食器的器类和风格都有了较大的变化。最主

图27　西周晚期成组的青铜礼器
陕西宝鸡周原遗址出土

图28　兽面纹枓
西周中期
最大者通长37.2厘米　斗口径5厘米　斗深6.2厘米
1976年陕西扶风庄白家村出土
现藏周原文物管理所

要的变化就是一反先秦时期附属豪门贵族、寓礼于器的特点，而是贴近平民，向日常的实用器转变。此后，青铜食器大多为铁、瓷、漆木等食器所取代。

【小辞典 · 敦】

盛放饭食的器具，为春秋中期中原地区新出现的器形，春秋晚期和战国时期比较流行。初为盖、器扣合后呈圆球形的敦，器盖不完全对称。后发展成为北从燕国、南至楚国式样相同的卵形敦，上下对称，器盖均为半球体，各有相同的两耳三足。

3．鼎

青铜鼎是在新石器时代广泛使用的陶鼎基础上发展起来的炊食器。目前发现最早的青铜鼎属于二里头文化时期，此后历经商、西周、春秋、战国乃至两汉魏晋时期，可以说是青铜器中使用时间最长的一种器类。

鼎作为商周时期社会生活中一种极为重要的容器，用途广泛，既是一种烹煮器，又是一种盛食器，有时两者兼而用之。按用途不同可分为镬鼎、升鼎、羞鼎三类。镬鼎指贵族祭祀、宴享时用以烹煮牲及鱼、腊的大鼎，一般底有烟炱痕。著名的后母戊鼎是镬鼎的代表。升鼎又称设食鼎、正鼎，主要功能是盛放镬鼎煮熟的肉食，用于祭祀，或宴享时陈设牲肉、鱼腊。羞鼎又称陪鼎，用以盛放调味品。镬肉及盛到升鼎内的肉没有滋味，食用时需要以羞鼎内的调味品调和汤汁。

鼎的器形特征，汉代《说文解字》谓："三足，两耳，和五味之宝器也。"在长期的发展过程中，鼎的器形非常丰富，大致有圆鼎、方鼎、扁足鼎、鬲鼎几种。

圆鼎是目前所见最早的鼎，二里头文化所见青铜鼎即是圆鼎。圆鼎也是先秦最常见的一种鼎，考古出土数量最多。体作圆形（主要在商代晚期）或作桃形（主要在西周早期），双立耳，三足有柱形、亚腰形、蹄形和兽鸟形扁足等多种。商代晚期以河南

图29　禹方鼎
商晚期
通高23厘米　口长14.2厘米　口
宽16厘米　重3.35千克
1963年山东长清出土
现藏山东博物馆

图30　永盂
西周早期
通高47厘米　口径58厘米
1969年陕西蓝田泄湖镇出土
现藏西安市文物管理委员会

安阳殷墟妇好墓出土的亚弜鼎为典型代表，西周以陕西淳化史家塬出土的兽面龙纹大鼎为典型代表。

方鼎始见于商代早期，盛行于商代晚期和西周早期，西周中期渐少，西周晚期几乎不见。体作长方形槽状，多柱足，有少量扁体鸟兽形足。多双立耳，少附耳。据考古发现和研究证实，凡随葬方鼎的墓主人均为身份较高的贵族，如商代晚期的司母辛方鼎，是商王配偶妇好的用器；西周早期太保方鼎的主人是召公奭，他的地位仅次于周王。

扁足鼎始见于商代早期，迄今所知最早的扁足鼎出土于河南郑州二里冈商代早期遗址。商代后期至西周早期流行，西周中期以后不再出现。此类鼎一般较小，高度15～30厘米，有方、圆两种，又有浅腹、深腹之分，扁足有龙、鸟、虎等形。因属礼器中的重器，数量较少，均随葬于高级贵族墓中。1989年出土的江西新干大洋洲大墓随葬扁足鼎数量最多，共出土9件，其中一件卧虎立耳扁足鼎通高64厘米，为迄今发现的最大的扁足鼎。

鬲鼎也称分裆鼎。最早出现于商代中期，流行于商代晚期和西周早期，以后极少见。它是一种具有鼎、鬲特征的特殊器形。器身的底部似鬲的分裆，三足为柱形，与一般鬲的款足迥然有别。湖南省博物馆所藏的兽面纹鬲鼎是商代晚期的典型代表，其形制、纹饰颇为罕见。

青铜鼎沿用时间很长。二里头文化时期的青铜鼎，仿自新石器时代的陶鼎。目前只在河南偃师二里头遗址出土一件，有双耳，三个锥形足，腹外壁有网格纹饰。此外，上海博物馆还收藏一件。商代发现的鼎数量较多，器形丰富，除圆鼎外，还有柱足方鼎、扁足鼎和鬲鼎等。其器形与纹饰向显示威严与震慑力的礼器功能过渡，原始的实用性大大消退。西周中期，鼎腹变浅而体形增宽，垂腹，流行柱足和蹄足。西周晚期，鼎的铭文极其规整，且内容多涉及重要人物和事件。春秋中期以后，鼎多平唇，扁腹或深腹，柱足鼎减少，瓦状兽蹄足出现，附耳鼎增多，有盖鼎流行。秦汉鼎仍是常见的饪食器，大型鼎减少，东汉更少见。西汉鼎的造型一般为圆形，敛口，附耳，多带盖，短蹄足或熊足。战国后期出现的四鼎连体，即“连鼎”，到汉代依然流行。

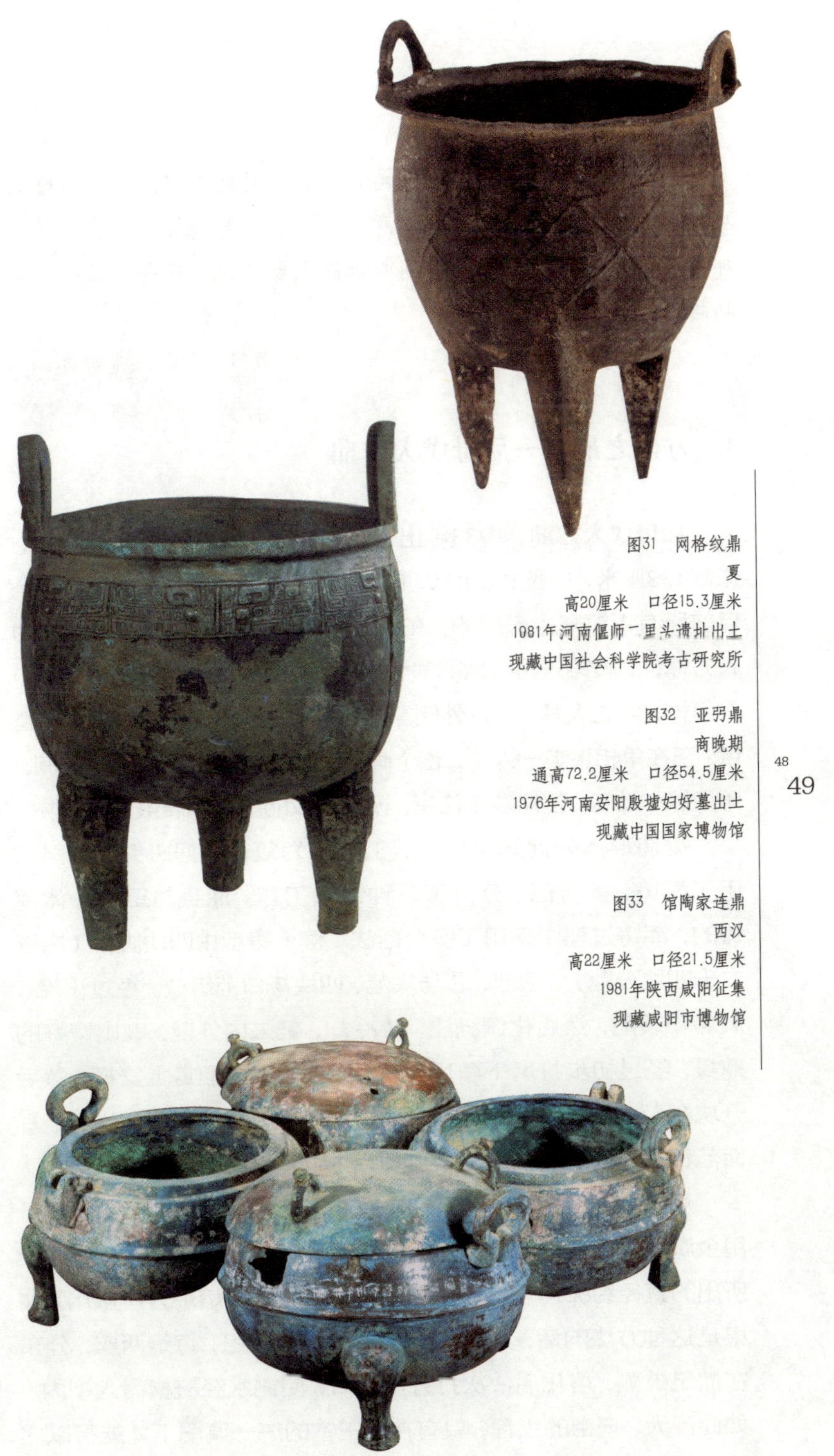

图31　网格纹鼎
夏
高20厘米　口径15.3厘米
1981年河南偃师二里头遗址出土
现藏中国社会科学院考古研究所

图32　亚弜鼎
商晚期
通高72.2厘米　口径54.5厘米
1976年河南安阳殷墟妇好墓出土
现藏中国国家博物馆

图33　馆陶家连鼎
西汉
高22厘米　口径21.5厘米
1981年陕西咸阳征集
现藏咸阳市博物馆

【名家点金】

商代前期的青铜鼎，一般均作深腹，足为中空式，二曲槽立耳，但也有无曲槽的。引人注意的是，一耳与一足相对应，另一耳则在两足中间，是这一时期鼎器的重要特征，有别于以后的每耳均对应一足的特点。

——青铜器鉴定家　杜迺松

4．方鼎之最——后母戊大方鼎

后母戊大方鼎，1939年出土于河南安阳殷墟西北岗武官村，通高133厘米，口长112厘米，口宽79.2厘米，重达832.84千克，是目前所有青铜器中最重的，在世界青铜文化中也是少见的。器为长方体，器腹铸云雷纹地的兽面纹，中空的四柱足也饰兽面纹，狰狞可怖；双立大耳，两耳外侧浮雕对称的两虎，作卷尾状，张口瞠目，正在争相吞噬一人头，整个画面定格在虎吞食人头的一瞬间，可谓惊心动魄。整器端庄伟岸，极具王权的威严和震慑力。

铸造形体如此厚重巨大，工艺极为复杂。据研究，此器采用了浑铸、多合范、分铸等多种铸造工艺。鼎身与足是一体浑铸的，浑铸过程中采用了多合范法。整个铸型由四块腹范（内嵌二十四块分范）、顶范、芯与底范、四块浇口范组成。经过干燥、烘烤和装配，然后化铜浇注。待冷却，敲去内外范，取出铸好的鼎身，经过初步打磨干净后，再铸接鼎耳。在鼎身上安模，然后分块翻范。一个鼎耳的铸型由一个外侧范、一个内侧范、两个耳面范和耳内芯组成。浇口设在鼎耳朝内没有花纹的一面。

后母戊鼎重832.84千克，加上浇冒口、飞溅、飞边、烧损，所用金属料总重达1200千克左右。如用殷墟小屯苗圃北地铸铜遗址所出的直径约80厘米的大型熔铜炉，则需六座熔炉方可敷用。如果是这种方法的话，则需将六座熔炉分为三组，每组两座，分布在鼎足外侧，熔化后依次打开出铜口，使铜水经流槽泻入型内。如此巨大、严密的工程，只有在商王室的统一调配下才能得以实

图34　后母戊大方鼎

商晚期

通高133厘米　口长112厘米　口宽79.2厘米　重832.84千克

1939年河南安阳殷墟武官村出土

现藏中国国家博物馆

图35　后母戊鼎铭文

现，由此显示了商朝高超的技术和强大的组织性。

此器腹内壁铸有铭文“后母戊”三字，笔势雄健，运笔提按起止极具韵律，属商代金文中卓伟瑰奇者。有人认为，“后母戊”是商王武丁的配偶，作器者应是祖庚或祖甲。另一种看法是，“后母戊”是商王武乙的配偶、商王文丁之母。这说明此器是商王为母后制作的祭祀礼器，其铭文对研究商代的称谓制度也具有重要价值。

5. 列鼎制度

青铜鼎是重要的青铜礼器之一。在古代社会中，被当做“明上下，别等列”，即统治阶级等级制度和权力的标志。

商代用鼎制度，中小型墓陪葬的一般是一件或两件，无论是殷墟或殷墟以外地区大都如此，但是王室的陵墓与中小型墓悬殊甚大。例如，商晚期殷墟妇好墓出土方鼎二、扁足方鼎二、大小不同的圆鼎三十二件，还有少数残破的碎片，由此可见中小型墓和王室墓等级差别森严。但商代应还未形成明确的列鼎制度，只是河南郑州南顺城街窖藏坑出土四个大方鼎，大小依次递减，颇具列鼎性质。

根据周代礼书的记载，贵族因其身份的高低而决定其使用鼎数的多少，从而形成了一套较为完整、大小相次的列鼎制度。贵族等级越高，使用鼎数越多，就是说享受肉食品越丰富。据礼书记载，西周时天子用九鼎，第一鼎盛牛，称为大牢，以下为羊、豕、鱼、腊、肠胃、肤、鲜鱼、鲜腊；诸侯一般用七鼎，减少鲜鱼、鲜腊，但东周时期诸侯宴卿大夫也可用九鼎；卿大夫用五鼎，称少牢，盛羊、豕、鱼、腊、肤；士用三鼎，盛豕、鱼、腊，也有用一鼎的，盛豕。出土九鼎的西周墓还没有发现，湖北京山宋河坝春秋初期的曾侯墓出土九鼎，出土七鼎、五鼎、三鼎的墓葬均有所见，葬一鼎的墓葬较为常见。东周晚期社会改革剧烈，列鼎制度不复存在。

西周早期，列鼎制度已开始出现。以奇数为等次，但形制纹饰尚未完全统一，大小依次成为系列的只是少数。西周中期开

图36　三门峡虢季墓出土的列鼎

图37　新郑出土的郑国九鼎及各种礼器

始，列鼎制度确立。陕西宝鸡茹家庄一墓中出土五鼎五簋，四鼎大小依次递减，唯一鼎较为特殊，形制纹饰不完全相同；另一墓出土五鼎四簋，形制相同，大小依次递减。陕西长安普渡村长由墓地出土四鼎二簋，形制相似，也是大小依次递减。西周春秋之交时的河南三门峡上村岭虢国墓地的虢国国君虢季墓，就陪葬七鼎、六簋、六鬲、二壶以及甗、豆、盘、盉各一件，次一等墓的陪葬有五鼎、四簋、四鬲、二壶以及豆、盘、匜各一件，再次一等墓的陪葬有三鼎、四簋、二壶以及盘、匜各一件，末等墓只有鼎、盘、匜各一件。这些发现说明，当时的列鼎制度中不仅鼎的数目有一定的等级，而且与鼎相配的簋、鬲的数目也有一定的等级。据记载，天子用九鼎八簋，诸侯七鼎六簋，大夫五鼎四簋，元士三鼎二簋，但根据出土情况来看，制度执行时并不十分严格。

【小辞典 · 大牢】

古时人们把祭祀用的牲畜叫做“牢”。根据牺牲搭配的种类不同而有大牢、少牢之分。大牢也称太牢，并用牛、羊、豕三牲，少牢只有羊、豕，没有牛。后来也专指牛为大牢，羊为少牢。大牢用于隆重的祭祀，按古礼规定，一般只有天子、诸侯才能用。少牢是诸侯、卿大夫祭祀用的。

6．鬲

青铜鬲基本是仿自陶鬲而铸造的炊食器。传世和出土的带铭文的铜鬲，多自铭为鬲，也有自铭为“鼎”、“鬻”、“鬻鼎”等。

青铜鬲的整体特征之一是空足且短。《尔雅 · 释器 》云：“鼎款足者谓之鬲。”款者，即空也，但足空不是铜鬲的基本特征。特征之二是袋形腹。袋形腹的主要功用是可以扩大受热面积，较快地煮熟食物。特征之三是腹足难分。三个特征中，前两个特征是必备的，缺一不可，如仅以空足特征而言，实际有的鼎足空，有的鬲足实。腹足不分的特征是就一般情况而言的，实际情况是有的腹足明显可分。

根据裆的不同形状，青铜鬲可分为分裆鬲和联裆鬲两种。分裆鬲即裆部三分，腹部如袋形，商代和西周早期最多见的是分裆鬲；联裆鬲即三足接裆处相联，无明显分界。分裆鬲较早出现，以后演变为联裆。江西新干大洋洲出土的商代晚期兽面纹鬲，是介于分裆鬲、联裆鬲的过渡形式，腹部如袋形，仍有分裆，但三足已经演变为柱形足。

青铜鬲出现于商代早期，一直沿用至战国晚期，是使用时间较长的一种青铜炊食器。商代早期的青铜鬲，敛口或侈口，双立耳，一耳和一足呈垂直线，袋腹分裆，三圆锥状空足，饰有兽面纹及简单的弦纹等，分裆处多饰双线人字纹。

商代晚期分裆鬲的显著特征是有三个较短的锥形足，到西周早期演变成为柱形足。上海博物馆所藏的兽面纹鬲，是商代晚期典型的分裆鬲，形制为双立耳，口沿外折，束颈，鼓腹如袋形，分裆明显，下设三锥形足。一耳与一足相垂直，另一耳在相对的口沿上，这是商代早中期青铜器形制特点的遗存。

西周早期分裆袋腹逐渐退化，联裆鬲备受青睐，制作工艺更加精美。首都博物馆收藏的伯矩鬲是西周早期典型的联裆鬲，形制为折沿，方唇，大立耳，束颈，袋形腹，无分裆，三柱形足。此器有盖，造型和纹饰奇丽，堪称青铜鬲之首。

西周中期以后青铜鬲十分盛行，器形较之以前有显著变化，常成组随葬，每组的件数有所不同，或三件、五件，或八件、十件，同组鬲的形制、大小、纹饰、铭文基本相同。根据耳的有无和其他差异，可分为附耳鬲、立耳鬲和无耳鬲。附耳鬲的主要特点是两耳附在肩部，平裆，流行于整个西周的中期和晚期，春秋早期渐少。代表作如故宫博物院收藏的师趛鬲，器体硕大，号称“鬲王”。立耳鬲的主要特点是两耳竖立于口沿，至西周中期已脱离早期的瘦身高裆的样式，主要是矮身鼓腹平裆式。无耳鬲的主要特点是无耳，矮身、平沿，或分裆，如湖北随县熊家老湾出土的黄朱柢鬲；或平裆，如上海博物馆收藏的鲁伯愈鬲。它流行于西周中晚期和春秋早期。

春秋中期时，青铜鬲还维持了自西周晚期开始增多的趋势，但总体出土量已经大大减少，体形继续向低裆发展。春秋晚期以后，鬲不再是人们所经常使用的器具。战国晚期，鬲从祭祀和生活用器的行列中消失。

7．甗

青铜甗是一种炊食器，其功能相当于现代的蒸锅。铭文中作鬳或甗。《说文解字》云："鬳，鬲属。"又云："甗，甑也，一曰穿也。"宋代《博古图》记："甗之为器，上若甑而足以炊物，下若鬲而足以饪物，盖兼二器而有之。"可见，甗是甑和鬲的合体，实是一种蒸炊器，即上体甑用来盛物，下体的鬲用来盛水。甑能盛物，甑底铸十字形或长方形穿孔，以通蒸汽；或甑、鬲之际内凸出一腰沿，用以承托各种质料的箅架。

甗出现于商代早期，商代晚期至西周早期已相当多，到西周晚期至春秋时期更是盛行，成为绝大多数随葬礼器墓中的必备之器。商代早期的铜甗，目前只在湖北黄陂盘龙城李家嘴1号墓出土一件。上部甑，口沿平折，腹深斜收至底呈束腰状；下体鬲，袋状腹，分裆，三空锥足。腰内有铜质箅架，中央一圆孔，周围镂八孔。颈饰细线卷云纹构成的夔纹，腹部分裆处饰双线人字纹。

商代晚期甗有甑鬲联体式、甑鬲分体式、三联式三种。江西新干大洋洲出土的立鹿耳兽面纹四足甗，是甑鬲联体式的经典之作。河南安阳殷墟妇好墓出土的妇好甗是最早的分体甗的实例之一。三联式甗形制特殊，迄今为止仅在殷墟妇好墓中出土一件。它是由一个似禁的长方形甗架和三个并列的甑组成的。甑的形制较大，折沿，敞口，兽首大耳，斜壁收腹，凹箅，箅有三个扇面形孔。甗架面部有三个高起外侈的圈口，用以放置大甑。腹腔中空，平底，下有六条扁形矮足，外底有十字形铸缝。

西周中晚期和春秋早期，青铜甗的主要形制有圆甗和方甗两种，从构造上看有联体和分体两式，其中分体式较为多见，体现了这一时期甗的主要特征，如山东曲阜鲁国故城出土的鲁仲齐甗。春秋中期后，联体甗和春秋早期兴盛一时的分体方形甗逐渐消失，圆形分体甗又重新兴盛。

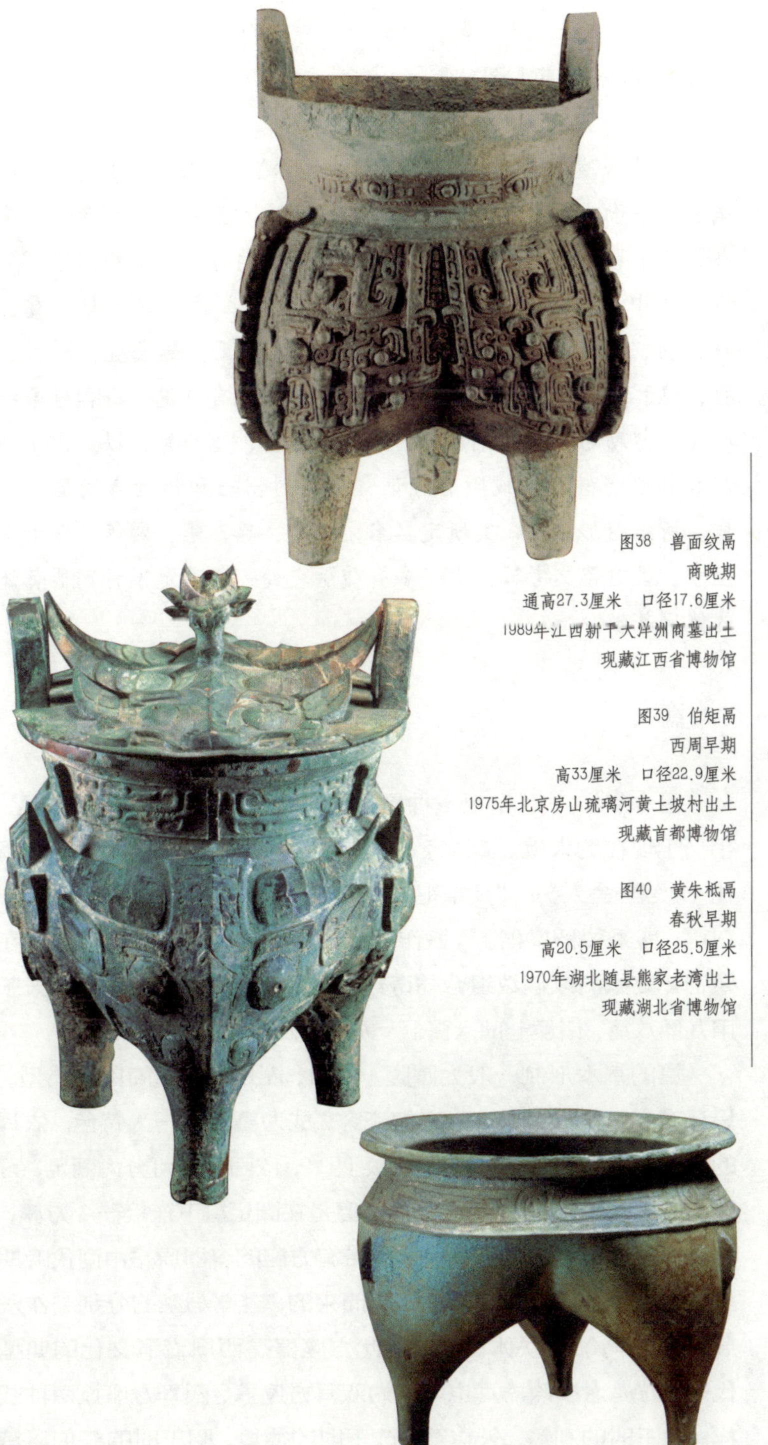

图38　兽面纹鬲
商晚期
通高27.3厘米　口径17.6厘米
1989年江西新干大洋洲商墓出土
现藏江西省博物馆

图39　伯矩鬲
西周早期
高33厘米　口径22.9厘米
1975年北京房山琉璃河黄土坡村出土
现藏首都博物馆

图40　黄朱柢鬲
春秋早期
高20.5厘米　口径25.5厘米
1970年湖北随县熊家老湾出土
现藏湖北省博物馆

【小辞典·《博古图》】

又称《宣和博古图》、《博古图录》。宋徽宗敕撰，王黼编纂。编于大观初年（1107年），成于宣和五年（1123年）。全书共三十卷。著录当时皇室在宣和殿所藏的自商至唐的铜器839件，集中了宋代所藏青铜器的精华。细分为鼎、尊、罍、彝、舟、卣、瓶、壶、爵、斝、觯、敦、簠、甗、鬲及盘、匜、钟磬、錞于、杂器、镜鉴等，凡二十类。每类有总说，每器皆摹绘图像，勾勒铭文，并记录器的尺寸、容量、重量等，以及出土地点和收藏者姓名，或附有考证，集当时出土和传世青铜器的大成。所绘图形精细，其所定器名，如鼎、尊、罍、爵等，多沿用至今。虽对铭文考释、考证多有疏陋之处，但奠定了青铜器著述的体例基础。

8. 簋

簋本字作“毁”，是一种最主要的盛置黍、稷等饭食的器具，相当于现在的大碗。《诗经·小雅·伐木》：“陈馈八簋。”《周礼·地官·舍人》：“凡祭祀，共簠簋。”郑玄注曰：“方曰簠，圆曰簋，盛黍稷稻粱器。”簋作为食器中的另一大类重要礼器，在祭祀和宴飨时以偶数组合与奇数的列鼎配合使用。据记载，天子用九鼎八簋，诸侯七鼎六簋，大夫五鼎四簋，元士三鼎二簋。

簋的基本形制一般为圆腹、侈口、圈足。如此简单的造型，设计者在耳部大肆装点，变幻无穷，成为簋器的一大特色。依耳的不同可分为无耳、双耳、三耳、四耳，依圈足又可分为圈足、方座、三足、高圈足等。其中，方座簋是在圈足簋下连接一个方座，这种形式出现在西周早期。这类带有方座的容器原是由商代晚期具有放置器座功能的“禁”演变而来的，容器与禁的分别制作发展为容器与禁的联体铸造，因此方座器是西周青铜文化的典型代表。方座簋按照器耳也可分为双耳方座簋、四耳方座簋两种式样。武王时的利簋、天亡簋，成王时的德簋，昭王时的格伯簋等

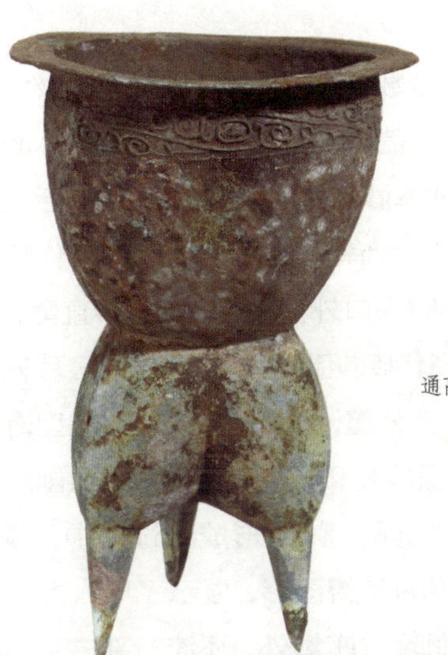

图41　夔纹甗
商早期
高36.3厘米　口径27.6厘米　重2.25千克
1974年湖北黄陂盘龙城遗址出土
现藏湖北省博物馆

图42　妇好三联甗
商晚期
通高68厘米　长103.7厘米　宽27厘米　总重量138千克
1976年河南安阳殷墟妇好墓出土
现藏中国国家博物馆

图43　乳钉纹簋
商晚期
高18厘米　口径24厘米
1955年征集
现藏湖南省博物馆

重器均是典型的方座簋。

青铜簋始见于商代早期，只是数量较少，商代晚期数量增多，西周时期尤为盛行。商代簋多无盖，形制多种多样，有圆体圈足簋和方体圈足簋两大类，其中圆体圈足簋数量较多，又包括无耳簋、兽耳无珥簋、兽耳有珥簋等。湖南省博物馆收藏的商代晚期乳钉纹簋，属典型的无耳簋，形制为口外侈，腹较深，斜直壁，高圈足。山西省考古研究所藏的商代晚期羸簋，属典型的兽耳无珥簋。首都博物馆收藏的西周早期乙公簋，属兽耳有珥簋，造型奇特，将鸟与卷鼻象巧妙结合起来，组成耳和足，是簋类中的独创。

西周早期，正处于青铜礼器“重食”体制形成的过程中，簋的地位更加显著，以方座簋为代表的革新器形，显示了周人力图将食器增高增大的努力。西周中期除方座簋外，还流行新式样，弇口扁圆体，环耳，圈足下有三柱状足，多作平行横条纹。西周中晚期方座簋多配盖，使簋的整体造型完整，形体更加魁伟庄重。春秋中期以后簋的形式趋向简化和粗犷，在礼器中地位下降，中原地区的簋退出了礼器序列，而南方地区的簋数量较多，并具有地域特点。

9．盨与簠

盨是盛放黍、稷、稻、粱的器具。有的盨自铭为簋，说明二者之间有渊源关系。经研究，盨是从弇口圈足簋发展而来的，二者的功用也基本相同。清末之前常将盨与簋混淆，清末始把簋和盨分开。

盨的器形一般是：体呈长方形圆角，敛口，鼓腹，双耳，圈足。圈足多四边有缺，少数不缺口，圈足下有的还设足。以耳的不同样式可分为半环形耳盨和附耳盨。半环形耳盨的器腹较浅，附耳盨的器腹较深。晋侯墓地1号墓出土的晋侯对盨，长椭圆形，盖为弧顶，是附耳盨的特殊代表。盨附盖，盖上有四曲尺形钮，盖卸置可盛物。盖和器身流行饰横条沟纹，有的仅饰横条沟纹，有的饰横条沟纹的同时，在盖面、盖口沿、器口沿和圈足饰窃曲纹、蟠龙纹等。

图44　乙公簋
西周早期
通高27.5厘米　口径19.7厘米　重5千克
1974年北京房山琉璃河出土
现藏首都博物馆

图45　格伯簋
西周中期
高31厘米　口径21.9厘米　重8.9千克
现藏上海博物馆

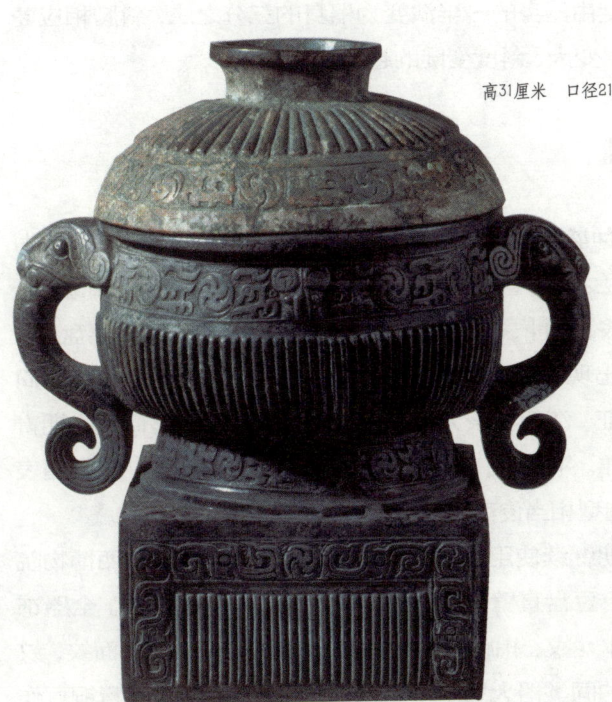

盨最早出现的时间，以前认为是西周中期后段，直至晋侯墓地13号墓中发掘出土了盨，才证实盨出现的时间为西周中期早段。流行的时间主要是西周晚期，到春秋早期即基本消失。一般为偶数组合。因其流行的时间短，故器形的时代差异不大，在同期中仅在耳、足、盖等部件上有所变化。例如，西周中期盨的圈足往往为圈形平实，如陕西扶风庄白家村出土的瘐盨，而西周晚期的盨的圈足往往四边均有缺口，如山东曲阜鲁国故城出土的鲁伯愈盨。

簠也是盛放黍、稷、稻、粱的器具。西周早期器尚未见过，可能出现于西周中期，主要流行的时段是西周晚期和春秋，战国趋于消失。簠与盨的形制相近，山东曲阜鲁国西周中期墓中有盨与簠的组合。

西周簠的形制较单一，均为长方体，棱角突折，壁直，方圈足或矩形圈足。盖、器形状相同，各有一对环耳，上下合，则为一体，分则为两器。春秋早期簠与西周时的形制无甚差别，春秋中晚期时器形出现了一些变化。一方面由长方体演变为方体，直沿也加宽，高度由器身的一半演变为器身的三分之二，斜腹相应萎缩，且有斜率变大、斜度变陡的趋势。

10．豆与铺

豆是一种盛食器。其用途据《周礼·天官·醢人》记载，为“醢人掌四豆之实”。四豆即朝事之豆、馈食之豆、加豆和馐豆，放置各种肉酱、肉汁、酱菜和味品等，大致相当于今天的菜盘。

青铜豆出现在商代晚期，较少见，形制仿自陶豆，纹饰以简洁为时代特征。江西新干大洋洲出土的兽面纹豆，是商代晚期青铜豆的代表作。平折沿，方唇，浅盘，粗柄，圈足呈喇叭状，器表满布纹饰，造型相当俊美。

西周早期继续使用青铜豆，并出现了变化。例如山西博物院所藏康生豆，豆盘直壁方唇，圈足较高，下部作喇叭状。全器饰有冏纹、卷体龙纹、相顾式两头龙纹、蕉叶状外卷角兽面纹，纹饰较商代时的同类器大为丰富和精细。西周中晚期时，青铜豆作

图46　鲁伯愈盨
西周晚期
通高19.2厘米　口长23.5厘米　口宽15.2厘米
1977年山东曲阜鲁国故城出土
现藏曲阜市文物管理委员会

图47　龙纹簠
西周早期
高37厘米　长55.8厘米　重17.5千克
现藏北京故宫博物院

为一种重要的食礼器，以偶数形式出现在青铜礼器中，形制多种多样，除了常见的短柄、深腹、有盖、环耳外，还出现了一些新的样式，有敛口、浅盘、高圈足、假腹豆，以及类似兽形尊、豆盘立于兽背之上的兽形豆等。

春秋战国时期豆较为盛行，此后衰落。形制一般上为钵状较深的豆盘，一般有盖和环形耳；下有较高的圈足形柄，柄部较细短，圈足部分较侈大。代表作如河南光山宝相寺出土的黄夫人豆，斜口宽沿，束颈，折肩，腹下收成平底，下有镂空三角形的喇叭口形高圈足，造型比例匀称而富于变化，虽为素面却颇有韵味。

有的豆形器自铭“铺”，可知铺与豆的作用是相同的，属于同类器。铺初见于西周早期，流行于西周中晚期和春秋早期，以后衰落。总体上发现数量极少。铺的形制大同小异，特点为盘边窄而底平浅，与豆盘作碗状和钵状有较大的差别。圈足甚粗而矮，多为镂空，形成自己的一大特点。

【小辞典 · 冏纹】

又称涡纹。特征是圆形，中间略有突起，沿边有四到八道旋转的弧线。除单个作为图案外，还与其他纹饰配合使用。湖北境内屈家岭文化中出土的新石器时代的陶纺轮上已见有涡纹。青铜器上最早的涡纹见于二里头文化期的斝腹部。商代和西周时期，冏纹比较流行。

11．盂与盆

盂是大型盛饭器，兼可盛水盛冰，有的自铭“饲盂”、“飤盂”，可知其用途是盛放熟食。盂常与簋相配组合，簋中之食取自于盂。盂的体形较大，形似今天的大碗，圆形，侈口，口沿宽而外侈；方唇，深腹、腹壁斜直，平底，下接圈足，有兽首环耳或附耳。

目前所知，盂最早出现在商代晚期的前段，流行于西周。商代晚期的典型器有河南安阳殷墟武官北地1400号墓出土的寝小室

图48　兽面纹豆
商晚期
通高13.4厘米　盘径15厘米　盘深2厘米　足径9.7厘米
1989年江西新干大洋洲商墓出土
现藏江西省博物馆

图49　透雕波曲纹铺
西周中期
高15.2厘米　盘深5厘米　盘径27厘米　重1.85千克
1974年陕西扶风强家村出土
现藏陕西历史博物馆

盂，形制为敞口，深腹，圈足，上腹两侧有一对附耳，有盖，盖上有瓜形钮。1976年河南安阳殷墟妇好墓出土一件形制奇特的中柱盂，底内中部有一圆柱形中空透底的柱，顶部作四瓣花朵形，中心突出。此种形制仅发现一例。西周早期的典型器有匽侯盂，是北燕国统治者匽侯盛饭的食具。与商代盂不同的是，它出现了两附耳，两耳上部有横梁与器身相连。

盆是西周中期出现的新食器，盛行于西周晚期和春秋早期，其功用与盂相近，盛食兼可盛水，但器形较盂小得多。春秋青铜器中有自铭为盆者，有两种形制：一种是折沿，平底，口径相对较小，故显得器体长瘦；一种是器身扁宽，敛口，平沿短而外侈，隆盖，似覆钵形，如黄太子伯克盆。战国中山国出土一件形制独特的鸟柱盆，形似豆，盆内有一鳖，鳖背上立一飞鸟擒蛇，颇具草原民族特色。

12．青铜酒器概述

青铜酒器是古人容酒、饮酒的工具。按用途不同，可分为容酒器、饮酒器和挹酒器三类。其中容酒器有斝、盉、尊、卣、壶、罍、觥、方彝、钫、缶、𬭚、钟等，一般器腹较大，以增大容酒量；饮酒器有爵、觚、饮壶、觯、杯等，一般有流，便于饮用；挹酒器有枓、勺，一般有长柄，便于持拿。

中国自夏代始兴起崇尚饮酒之风，出土的青铜酒器有爵、斝、盉。入商后，饮酒之风远胜于夏，青铜酒器不仅数量大增，而且种类增多。商代早中期，除了夏代已经出现的酒器以外，新品种有尊、罍、卣、杯等。商代晚期酒器在之前已存在的器形基础上继续有所创新，同时出现了觥、壶等新的器类，特别引人注目的是出现了更具审美价值的方形器，如方斝、方觚、方尊、方罍、方爵、方彝、方卣等。另外，酒器在礼器中更凸显出主要地位。

西周早期是社会深度变革的酝酿期，所以在因循殷礼、保持社会相对稳定的同时，对酒器的铸造和使用也悄悄地进行了改变。一方面保持酒器隆天礼地、祭祖祀神的崇高地位，另一方面将个人饮酒限制在最低程度。因此，周人将一些酒器特别是饮酒

图50　匽侯盂
西周早期
高24.5厘米　口径33.8厘米
1955年辽宁喀左马厂沟出土
现藏中国国家博物馆

图51　鸟柱盆
战国中期
通高47.5厘米　直径57厘米　重31千克
1977年河北平山中山王墓出土
现藏河北省博物馆

器弃之不用的同时，又根据自己祭祀和礼制的需要以及不可忽视的审美意旨，对酒器特别是容酒器进行了创造性的转变。这种扬弃在西周中晚期体现得较为明显，特点是在革除了觚、斝等一些小型酒器的同时，重新张扬了壶、尊、卣、罍等一些大型的酒器的地位，又少量创造了𨱍等一些新式样的酒器。

春秋战国时期，青铜酒器的数量、种类大大减少，卣、罍、盉、𨱍等纷纷退出酒器组合，但也出现了尊缶、樽等新酒器，尊、壶等也出现了新的器形，形成新的风格。此后，青铜酒器被漆木、瓷等酒器取代，仅存少量，器形贴近平民，向日常的实用器转变。

【小辞典·缶】

春秋中期新出现的器类，可盛酒，也可盛水。盛酒器称为尊缶，盛水器称为盥缶，两类器形相似。尊缶形似罍或𨱍，为敛口，广肩，鼓腹，圈足。例如蔡侯朱缶、栾书缶都自铭缶。尊缶在战国还很盛行，器形变化不大，肩部多置兽首环耳，或置兽首连环耳。至秦汉开始衰落。

13．爵

青铜爵是目前所知最早的饮酒器、青铜容器和青铜礼器，也是商周青铜礼器组合中数量最多、流行时间最长的礼器。《说文·鬯部》：“爵，礼器也，象爵之形为中有鬯酒，又持之也，所以饮器象爵者，取其鸣节节足足也。”其命名始于宋人，是取爵的形状似雀和雀鸣之义。爵的一般形状为前有流，后有尖锐状尾，中为杯，一侧有鋬，下有三足，流与杯口之际有两柱，也有少数爵为单柱或无柱，还出土过罕见的方腹爵。

河南偃师二里头夏代遗址出土最早的青铜爵，器形仿自陶爵。一般通高为10～22厘米，侈口，束腰，器腹截面作椭圆形，前有狭槽长形流或短流，后有尖锐状尾，流和尾较平直，流口之间多数不设柱，也有的置钉状柱。鋬呈扁体，弧度较大，上多有

图52　徙斝
商晚期
通高37.3厘米　口径20厘米
1968年河南温县小南张出土
现藏河南博物院

图53　盠驹尊
西周中期
通高32.4厘米　长34厘米　重5.68千克
1955年陕西眉县李村出土
现藏中国国家博物馆

长方形或三角形镂孔。平底，三足作三棱或四棱形，一足与鋬对应，两足在另一侧。器形较薄，器表粗糙，无铭文，通体表面偶尔有简略的连珠纹。

商代早期，青铜爵是最常见的一种饮酒器。一般高15～20厘米，平底，二柱很短，并紧靠流折。器形较薄，器表粗糙，无铭文，通体表面偶尔有简略圈带纹。商代晚期青铜爵的造型趋于成熟，流和尾的长度比例较为合理，双柱出现从流、口之际逐渐后移的倾向，流的前段也有加高的趋势。除了造型的变化外，器身更加重视装饰，以前在鋬的上端没有任何装饰，这一时期则往往饰有一个牺首。柱有菌形、伞帽形等，而以菌形最为普遍，足以等边三角形的三棱形锥尖足为主。此外，方形爵和有盖爵较为少见。

西周早期是爵的最后生存期，柱立于口沿，离流折从稍远到较远。鋬手渐缩，缩至难容二指。三角形足也从等边三角形演变为等腰三角形。西周早期出现了两种独特的形制，一是双流爵；一是四足爵，如索諆爵，两件器目前均是独一无二者。

青铜爵虽在西周早期之后迅速消失，但对后世影响颇大。唐宋直至明清时期，受仿古之风的影响，铜爵仍为宫廷礼器，或以金银、玉、漆、瓷等模仿商周青铜爵制作。

14．角

青铜角是一种饮酒器。现在所称的青铜角的形制似爵，但无柱无流，在口沿两端铸成长锐之角，规格大小也与爵相仿，有的带盖，盖顶带提手。宋人《博古图录》始将此类铜器命名为“角”，可能是因其口缘两端左右对称呈爵尾的形状很像两角，故以典籍所见“角”而名之。

《礼记·礼器》记载：“宗庙之祭，尊者举觯，卑者举角。”郑玄注：“回升为角。”《周礼·考工记·梓人》引《韩诗》曰：“一升曰爵，二升曰觚，三升曰觯，四升曰角，五升曰散（斝）。”按照上述古代文献所载，角器的容量颇大，与爵的容量为4∶1，而宋人《博古图录》所言之角，容量与爵大致相等。因此，《礼记·礼器》和《韩诗》中所言之角当有可能是指另一种酒器，或者是爵

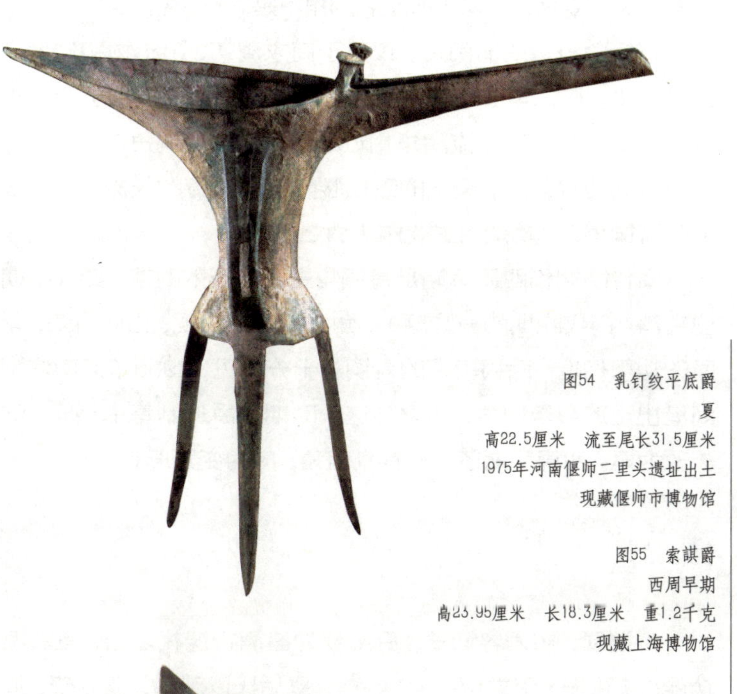

图54　乳钉纹平底爵

夏

高22.5厘米　流至尾长31.5厘米

1975年河南偃师二里头遗址出土

现藏偃师市博物馆

图55　索諆爵

西周早期

高23.95厘米　长18.3厘米　重1.2千克

现藏上海博物馆

类器的另一变体，与宋人所定名的角不是同一物品。

青铜角流行的时间短，仅见于商末周初，出土物和传世品远比爵要少。在二里头文化时期，上述传统旧称的铜角至今尚未发现，只发现有与带管流陶角相近的铜角。这种铜角，除口沿两端铸有相同的双角外，突出的是在腰际有一斜置的长流，可谓之异形管流铜角，其功能当主要作注酒之用。

商代晚期和西周早期是青铜角主要流行的时期，西周中期就已衰落。商代晚期的一些墓中，角与爵相伴出现，由此可知，角与爵的功用相近。西周早期的青铜角十分少见，1986年河南信阳师河港出土的晨肇宁角，造型与这一时期的爵形制基本相同，唯将流改为尾。西周早期还有一种鸟盖角，应为变异形制。

15．斝

青铜斝，初为容酒器，后演变为盛酒行裸礼之器，兼具温酒功能。《礼记·明堂位》：“灌尊，夏后氏以鸡彝，殷以斝，周以黄目。”《礼记·礼器》：“尊者献以爵，卑者献以散。”散即斝。形制与爵不同，虽也有鋬、柱和足，但突出的特征是无流、无尾，且形体一般较爵大。

青铜斝始于夏代，盛行于商至西周早期，以后却少见。夏代铜斝器形应仿自陶器，总的形制特点是：通高在20厘米以上，侈口，束腰，鼓腹，平底或圜底，三棱或圆锥形足，带鋬，双立柱。

商代早期，青铜斝是最常见的灌酒器，数量仅次于爵，形制与爵相同，与夏代有明显变化：形体比夏代大一些，最大者通高达31厘米；敞口，双菌状柱，颈部与腹部之间形成折腰；腹部多饰冏纹，最具有时代特征；还出现一种袋足斝，实属罕见。

商代晚期，青铜斝出现了一些新的变化。器身整体偏大，双柱渐趋增高，且向器口沿两侧移位，实用功能逐渐退化，艺术装饰功能逐渐增强。如商代殷墟妇好墓出土的大型方斝，作为饮酒器，通高竟然达到68.8厘米，是青铜斝中最大者，并以方体造型强调魁伟，以卷角兽纹和夔纹强调精致。此外，这一时期斝的双柱多为帽形，也有以秀美傲立的凤鸟形作柱，鸟体披细鳞片，尾

图56　父己角
商晚期
通高20.5厘米　双尾间宽16.5厘米　重1千克
现藏北京故宫博物院

图57　冏纹斝
商早期
高30厘米　口径19.5厘米　重2.1千克
1974年湖北黄陂盘龙城遗址出土
现藏湖北省博物馆

翎短而坚挺，别具生气。斝的錾往往较为厚实，有的錾头上装饰有兽首。这一时期已无空锥足，大都是很高的丁字形足和三角锥形实足。从商代中期传下的袋腹形斝在商代晚期还有部分保留，但数量较少，但在西周早期却成为斝的主要形式之一，而方形斝在级别较高的墓葬中有少量出土。

西周早期，青铜斝的数量已经大大减少。深圆腹、高直颈、高双柱的斝是其主要形式。例如1976年陕西扶风庄白家村窖藏出土的折斝是西周早期昭王时器，是斝的最晚形制，与商代斝的形式迥然不同。

【小辞典·祼礼】

古代酌酒灌地的一种祭礼形式。《礼记·郊特牲》："灌用郁鬯。"郑玄注："灌谓以圭瓒酌鬯始献神也。"灌与瓘、祼皆为同音通假字。

16. 盉

青铜盉最早出现于夏代晚期，盛行于商晚期至西周。有自铭的"盉"多出现于西周，西周中期"盉"的别名又称为鎣。

关于青铜盉的用途有多种说法。《说文·皿部》："盉，调味也。"王国维《说盉》："盉之为用，在受尊中之酒与玄酒而和之而注之于爵。"根据考古发现的实物，青铜盉在不同时期，用途似有不同。从二里头遗址的墓葬中随葬的青铜酒器已出现有较多铜爵与铜盉组合的趋势来看，铜盉的作用应和斝一样，主要是灌酒器。此外，从二里头时期最早出现的盉系封顶铜盉的造型特征看，其顶部设有口与流，显然不适于把饮，也不宜作盛储，而只能是将盛储器之酒再灌入盉中，其功用就犹如今日之酒壶。此后，随着青铜礼器器类的发展和"盉"本身形制的演变，盉的功能也发生了相应的变化，特别是西周中期至春秋早期，在一些墓葬中，盉多与盘相伴而出，有的铭文中盘盉连称，甚至有盉自铭为盘者。由此反映出这个时期的盉如同盘、匜一样，主要是用来盛

图58　妇好方斝
商晚期
通高68.8厘米　口长25.1厘米　口宽24厘米　重18.3千克
1976年河南安阳殷墟妇好墓出土
现藏中国国家博物馆

水的，所以可以和盘相结合，起着盥沐作用。

二里头文化时期的铜盉，目前仅在二里头遗址三区采集到一件，封顶，顶部开一圆口，鼓腹，下铸三个空锥状足，一侧有管流，一侧有镂孔鋬。商代早期形制仍然为夏代时旧制，即顶流袋足式，通高在25～35厘米左右。

商代晚期，青铜盉形式多样，如在殷墟妇好墓中出土的六件盉，式样各不相同，表明盉在礼仪中的功用也是多方面的。从器腹部的不同造型区分，有圜底罐形盉、鬲形盉、壶形盉、深腹形盉等；从流口的形式区分，有顶流盉、器流盉；从足部区分，有四足盉、三足盉、圈足盉。此时出现的人面龙纹盉是青铜礼器中少见的怪异夸张的造型。

西周早期，青铜盉基本继承了商代晚期的传统，整体器形较高，以三足罐形盉、四足鬲形盉和三足袋腹盉为主。例如陕西丰镐遗址出土的凤盖盉，器形为常见的四足连裆鼓腹式，但盖的装饰却新颖别致，给其形象注入活力。

西周中期至春秋早期盉的功能发生了变化，器形也一改之前圆腹长流柱足的单一形式，趋于精美奇异。如陕西扶风齐家村出土的它盉，扁圆腹，下承四兽形足。盖作鸷鸟形，张翼欲飞，鸟尾部系有活链和肩部的相套铸。流作张口龙形，鋬和流嘴作攀援回顾式龙形。这是西周晚期造型特殊的一种盉，目前仅见数例。

春秋中晚期至战国盉已经衰落，较为少见，器形变化不多，器腹一般为扁球体，流往往作短曲颈的兽首形或鸟头形，三蹄足。弓形提梁，饰龙或兽形。有盖，盖多有活链与提梁相连。

17. 觚

青铜觚是一种饮酒器，相当于现代的酒杯。器名沿用宋人旧说，称之为“觚”。最早很可能出现于夏代晚期，但目前考古发现较多的觚属于商代早期的二里冈文化上层，此后它一直兴盛至西周，西周以后趋向衰落。

商代早期觚的器形略显粗矮，高度在15～30厘米左右，喇叭形敞口，腹部呈直筒形或内收呈弧曲状，高圈足，腹部多饰弦纹

图59　兽面纹盉
商早期
通高25厘米　流长7厘米
1974年河南中牟黄店出土
现藏河南博物院

图60　它盉
西周晚期
通高37.5厘米　长39.2厘米
1963年陕西扶风齐家村出土
现藏陕西历史博物馆

和兽面纹带，圈足上多饰十字形镂孔或菱形回字纹或斜角云纹。

商代晚期觚的形制较之以前也有明显变化，腰部收细，喇叭口有扩张的趋势，口部弧度较小，略呈平坦状，圈足渐高，形制更加挺拔。原先觚圈足上的十字孔或方孔在这一时期内基本消失，最精美的取代形式是圈足部的纹饰，呈镂空状。从殷墟中期开始，有的觚体上出现扉棱装饰，开始从圈足做到中段，后上延至口部，更趋精美。觚的形体大多数为圆形，但在高级墓葬中往往出现显示高贵等级的方觚随葬品。

西周早期的觚已较为少见，形制基本沿袭商代晚期的旧制，出现的细腰觚，中腰直径只有1～2厘米，为西周早期的新式样，也是觚器的最后绝唱。西周中期以后觚基本退出历史舞台。直至宋代及明清又复为宫廷礼器，或以金银、玉、漆、瓷等制作，形制多仿自商周青铜觚。

【小辞典 · 扉棱】

青铜器上凸起较高的部分，有条状、云片状等。既是一种装饰纹样的组成部分，同时又起到纹饰的相间作用。《庄子·大宗师》载："其觚而不竖也。"释文引崔注曰："觚，棱也。"实际上，有棱是晚期觚的特征，早期的觚并没有棱，而且有棱的酒器并不止觚一种，尚有尊、卣等，所以带扉棱并不是觚的主要特征。

18. 觥

青铜觥是一种容酒器或饮酒器，出现于商代晚期。商代晚期至西周早期流行，西周中期逐渐消失，沿用时间不长，出土数量也不多。

现通称为觥的青铜器，以前称为匜，但觥的功能与作为水器的匜显然不同。上海博物馆收藏有一聿引觥，附有一挹酒之斗。守宫觥不仅附有一斗，而且觥盖的尾端专开有一长方形孔以置放该斗，腹内还有一横隔，将腹中一分为二，可盛放两种不同的酒

图61　天觚
商晚期
高26厘米　口径15厘米
1977年河南安阳殷墟出土
现藏中国社会科学院考古研究所安阳工作队

液。由此可证觥确应为盛酒器，而非水器或饮酒器。王国维《说觥》一文中将其定名为觥，一直沿用至今。

觥将各种鸟兽形集于一身，是造型最具有创造性的礼器，也是鼎盛期青铜器的重要标志。典型的青铜觥一般形制作椭圆形腹，前有短流，后有半环状鋬，皆有盖，盖作有角兽首形，器盖之合处为一曲线。根据足部的不同形式，可分为圈足觥和四足觥。在远离殷商政治统治中心的山西省石楼县出土了一件商代晚期的异形觥，整体似兽角，为罕见之作。

西周早期，青铜觥多为圈足，可分为椭圆形圈足觥和方形圈足觥。方形圈足觥在商代很难看到，相对多见于西周早期。西周中晚期的觥表现出了最后的魅力，此后就从礼器的组合中退出了。西周中期天觥的方腹、方圈足使之成为独具个性的青铜重器，其工艺水平也发出了最后的耀眼光辉。

19．觯

觯是饮酒之杯。《说文·角部》载：“觯，乡饮酒角也。《礼》曰，一人洗举觯，觯受四升。”《礼记·礼器》载：“宗庙之祭，尊者举觯。”郑玄注：“三升曰觯。”《韩诗》也有此说。四升、三升与爵一升说相比较，均和商、西周早期的青铜觯容量不相符，故《礼仪》、《礼记》所记载的各种容酒器的容量，应该不是周初之制。觯又称鍴，二者为同音通假字。春秋晚期义楚鍴铭：“义楚之祭耑。”此为鍴之用于祭祀者。

青铜器中习称的觯有两类：一类是扁体的，形制为椭扁体，侈口，束颈，深腹，有圈足，不少有器盖，代表作如河南安阳出土的卫父己觯；一类是圆体的，形似侈口的小壶，代表作如上海博物馆收藏的父庚觯。这两类器在商代晚期和西周早期皆有，后者沿用至东周。扁体觯有一盖铭其器为“鑵”，圆形的觯有自铭为壶的，但扁体觯均未见有自铭为壶的，且这类器形制有的较大，而圆体觯没有较大的形制。因此，扁体觯是否为文献中记载的觯，尚存疑虑。现约定俗成，将这类器也称为觯。

扁体觯和圆体觯均出现于商代晚期，流行于西周早中期。商

图62　异形觥
商晚期
通高19厘米　长44厘米
1959年山西石楼桃花庄出土
现藏山西博物院

图63　卫父己觯
商晚期
通高17.2厘米　口长9.3厘米　口宽7.6厘米
1952年河南安阳出土
现藏新乡市博物馆

代晚期，觯在青铜礼器的组合中尚未成为主流的器物，但到了西周早期，觯成为礼器的重要组合成分，有一爵者往往配一觯，有二爵者则配以一觚一觯，表明了以觯取代觚的趋势，也证实两者的功用相同。西周晚期，觯极少见，春秋早期也未见著录，但春秋晚期徐国又一度出现，有徐王义楚鍴和徐王鍴，二者形制基本相同，为圆体觯，喇叭口，形体细长，器腹下垂。

20. 尊的概述

尊，原为青铜礼器的共名，或作专名。金文中将尊、彝两字连用，用于祭祀的诸凡酒器、食器统称为尊彝。北宋始将大型或中型广口有肩的圆形或方形容酒器称为尊，沿用至今。尊是重要的容酒器，也是青铜礼器组合中的重器。根据器形的不同，可分圆尊、方形尊、筒形尊和鸟兽尊四类，其中圆尊是商代早期尊的唯一形式，其他三式尊均出现于商代晚期。

圆尊又称大口有肩尊，仿自陶尊或原始青瓷尊。喇叭形上口直径增大，外侈较甚，口径与肩宽接近或大大超过肩宽。折肩或圆肩，有的饰三牺首。圈足早期的有大十字孔，晚期没有。这种器形还有大型器，如1967年湖南华容出土的龙首兽面纹尊，高达73.2厘米，比一般青铜尊大一倍以上，为青铜尊之最。商晚期逐渐消失，西周已不见这种形式。

方形尊造型魁伟，具有威严的震慑力，属青铜礼器组合中的重器。最具代表性的是湖南宁乡月山铺出土的四羊方尊和北京故宫博物院收藏的酗亚方尊。西周方形尊的器形有所变化，腹部外鼓，如上海博物馆收藏的毁古方尊。

筒形尊又称觚形尊，特点是肩部消失，口径缩小，可以视为小型化的大口有肩尊。商代晚期至西周早中期比较流行，至春秋晚期又有短暂的出现。西周与商代晚期的器形变化不大，但装饰上更加突出立体感和多层次，例如西周早期的何尊。

鸟兽尊又称牺尊，有鸱枭、禽、虎、象、犀、牛、马、羊、怪兽等动物造型，可称为鸮尊、象尊、牛尊、羊尊等。造型具有雕塑特点，即使属同类器，形状也并不一致，在充满神秘怪诞气氛的

图64　父庚觯

西周早期

高14.9厘米　口径7.6厘米　底径5.1厘米

现藏上海博物馆

图65　象尊

商晚期

高22.8厘米　长26.5厘米

1975年湖南醴陵狮形山出土

现藏湖南省博物馆

青铜礼器群中异军突起，颇具自然而生动的特色。商代鸟兽尊已经出现，最著名的有河南安阳殷墟妇好墓出土的妇好鸮尊、湖南醴陵出土的象尊等。西周鸟兽形尊依然流行，有鸭尊、凤鸟尊、兔尊等，器身少有铭文。战国末期此类器走向衰落。

【小辞典·原始青瓷】

出现于商代，直到东汉时期，原始青瓷才发展为成熟的瓷器。用高岭土制胎，多采用泥条盘筑法成型，器形不甚规整，胎薄厚不均匀，施以石灰釉，经1200℃高温烧成。釉面呈青绿色、黄绿色或灰青色。胎体烧结后呈灰白色或褐色，击之可发出清脆之声。胎中杂质较多，釉色不够稳定。

21．四羊方尊

20世纪30年代以来，湖南省各地不断发现商代青铜器，多出于窖藏之中，应是祭祀山川的礼器。其中以宁乡县出土青铜器的数量最多，也最重要，因此被称为宁乡铜器群。在宁乡铜器群诸多青铜器中，1938年宁乡月山铺出土的四羊方尊堪称杰出代表。它也是中国古代青铜器中，以独特造型和精湛技艺而引人注目的艺术奇珍。

四羊方尊属方形尊，方口，大沿，长颈，高圈足。颈部高耸，四边上装饰有蕉叶纹、三角夔纹和宽条，组成兽面纹，肩饰高浮雕蛇身而有爪的龙纹，富丽细密。

整器的重心所在是尊的中部，即尊的肩、腹部。肩部四角各有一个卷角羊首，大弯角，口微张，颈下棱脊巧妙地设计成羊须。羊首与羊颈伸出于器外，尊腹为羊的前胸，羊腿附着于圈足上，整体构成四头完整的羊。羊的前胸及颈背部饰鳞纹，两侧饰有美丽的长冠凤纹，圈足上饰夔纹。两羊首间的肩部还各饰一双角龙首探出器表，龙身蜿蜒于肩部。

此尊铸造工艺复杂，据研究是采用两次分铸技术铸造的，即先将羊角与龙头单个铸好，然后将其分别配置在外范内，再进行

图66　𣪘古方尊
西周早期
高21.8厘米　口径20.1厘米
现藏上海博物馆

整体浇铸。整个器物用块范法浇铸，一气呵成，鬼斧神工，显示了高超的铸造水平。为了掩盖合范时可能产生的对合不正的纹饰，器四角和四面中心线合范处均设计成长棱脊，体现了精密的设计思路。

四羊方尊集线雕、浮雕、圆雕于一体，把平面纹饰与立体雕塑融会贯通，把器皿和动物形状结合起来，恰到好处，是以异常高超的铸造工艺制成的，因此，它堪称方形尊中最具艺术性的作品，也可以说是青铜器中造型设计与艺术装饰完美结合的典范，是举世无双的青铜艺术之瑰宝。

22．牺尊

在青铜尊中，鸟兽尊是最具雕塑效果和艺术表现力的品种。鸟兽尊又称牺尊，于商代晚期兴起，在商周时期颇为盛行，到春秋以后已显衰势，但仍有一些器物出现，其中山西浑源出土的牺尊最具代表性。

此器是1923年在山西浑源县西南的李峪村被盗掘出土的，为春秋末期的窖藏青铜器。由于当时社会动荡，实际出土器类和数量现已不详，其中部分器物已流往国外，国内现存的多藏于上海博物馆。出土的铜器以容器为主，有鼎、敦、甗、盘、簋、匜、豆、尊、盉、壶等。这批铜器无铭文，但工艺精湛，造型、纹饰独特。浑源春秋时属代国，此批铜器与1952年河北唐山贾各庄东周墓出土的春秋晚期燕国铜器颇多相似处，反映了春秋晚期北方燕、代地区青铜铸造业的发展水平以及青铜器的基本特征。

《周礼》中记载，牺尊是祭祀仪式中的重器之一。“牺尊”一名最早出现于《诗经·鲁颂》：“白牡骍刚，牺尊将将。”“尊”为温酒器，作牛形，背上开三孔穴，中间一穴有一釜形器，可作容酒器，前后穴腹空可注水，当为温酒器。此器纹饰精美，通体都饰以盘绕回旋的龙蛇纹，组成独特的兽面纹，式样与山西侯马晋国铸铜遗址所出土的陶范纹饰完全一致。考古人员在晋国冶铜遗址中发现，陶范纹饰的制作已采用印模方法，即用一块雕镂的母模，在陶范需饰花纹处压印而成。一块印模可以上下左右连续使

图67　四羊方尊
商晚期
通高58.3厘米　口长52.4厘米
1938年湖南宁乡月山铺出土
现藏中国国家博物馆

用，遍印全器。这一工艺省时省力，是春秋时期青铜工艺的一大进步。在牺尊的颈、腹、腿部的兽面纹，即采用同一母模压印而成的，证实了当时青铜工艺的高超水平。特别引人瞩目的是牛鼻有环，表明当时已用穿鼻的方法驯养牛，也是牛耕技术在中原地区推广普及的见证。

23．卣

卣是一种器形较多、较复杂的盛酒器。出现于商代早期，盛行于商代晚期和西周早期，到西周中期开始退出青铜器序列，春秋中期以后，又有少量出现在南方的土墩墓中。

卣作为器名始见于甲骨文。卣虽是商周一种酒器名，但传世遗器中至今尚无一件自铭为卣。某些青铜器被定名为卣始于宋，尤集中于《博古图录》，其卷九至卷十一皆定名为卣，后约定俗成，皆沿用之。

在青铜卣沿用的较长时间内，出现了较多的器形，有扁圆体、圆体、椭圆体、筒形、方体和鸟兽形诸类。商代早期的卣，目前只出土有扁圆体和圆体卣两种。商代晚期较常见的有扁圆体卣和方腹体卣，还出现了鸟兽形卣，如呈鸷鸟形的鸮卣，呈猛虎蹲踞形的虎食人卣，不仅造型生动，而且装饰极为华丽繁缛，具有很高的艺术价值。

西周早期的卣承商代形制而有所变化。主要样式为扁圆体罐形卣，器身弇口，腹均下垂，提梁两端多有兽头。最具西周早期独特意义的是出现了直筒形卣，器体上下直径一致，有圈形捉手。扁平提梁两端有兽首，盖有子口纳入器口。这样的器一般归入壶类，但约定俗成称“卣”不称“壶”。这一时期也有鸟兽形卣的出现，但纹饰不如商代晚期的豪华。

西周中期是卣流行的最后时期，当时卣的数量已经不多，但仍然属于重要的容酒器。器形有大有小，容量差别很大。整体趋势是较为低矮，看起来有敦实感。盖的形状较为丰满，多呈浑圆的帽状，盖两侧的角多有退化。多有铭文，有的具有很高的历史价值。

图68 牺尊
春秋晚期
高33.7厘米 长58.7厘米
1923年山西浑源李峪村出土
现藏上海博物馆

图69 虎食人卣
商
高35.7厘米
传湖南安化出土
现藏巴黎塞努西博物馆

【小辞典 · 土墩墓】

古代墓葬形式之一。西周至春秋流行于长江中下游地区，主要分布在苏南、皖南及浙江一带。一般没有墓坑，采用堆土掩埋、平地起封的特殊方式安葬，保存较好的土墩墓外观呈馒首形状。随葬品多为印纹陶器、原始瓷器和带地方特征的青铜器。

24. 壶

壶是大型的容酒器，《诗经 · 大雅 · 韩奕》有“清酒百壶”的记载。商代晚期一经出现就相当流行，春秋战国盛行，一直沿用至汉魏时期，是生命力很强的酒器。

商代晚期至西周早期，壶的大小多少往往显示了主人身份等级的尊卑。一般壶的器体较高，长颈，垂腹，圈足，主要有椭圆腹壶和圆腹壶两种。

西周中晚期至春秋早期，壶出现的频率明显提高，壶的各种器形也明显增多。西周中期懿王、孝王期间出现了长颈兽头环耳大腹壶，按照这类圆壶的基本形体设计的方壶也同时出现。这两类壶挺拔、雄健，审美价值更高，成为周人青铜文化的辉煌代表，盛行了相当长的时间，标志着壶开始成为组合中的重要器类。此外，还有长颈、鼓腹下垂的壶，如三年瘐壶；有椭方形、长颈、鼓腹、高盖、高圈足、腹饰大交龙纹的壶，如晋侯昕壶；有腹径较小但较深的长颈、中腹鼓凸、下收于圈足的壶，如父庚壶等。另有侯母壶，小口大肚，身有四系，造型极为少见；曾仲斿父方壶是晋侯昕壶一类器的演变，造型和纹饰的线条更加流畅疏阔，为春秋早期诸侯青铜器的精品。

春秋中期和战国时的壶有方壶和高柄小方壶、圆壶、提梁壶、扁壶、瓠壶五种。方壶有截面方形和圆角方形两种，器身常装饰四条弧线，凸现优美的造型。圆壶是最传统的器形，有高颈圆腹和束颈深腹等多种变化，春秋中晚期成为主要壶形，壶盖往往设计为侈张的莲瓣形，耳多做成回首的虎形或龙形，圈足下多

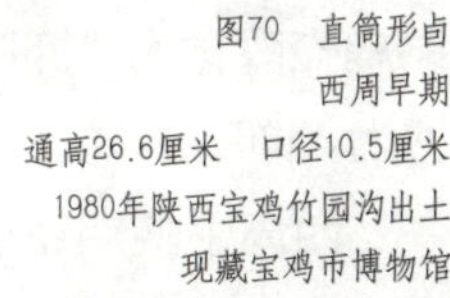

图70　直筒形卣
西周早期
通高26.6厘米　口径10.5厘米
1980年陕西宝鸡竹园沟出土
现藏宝鸡市博物馆

图71　三年瘐壶
西周中期
通高65.4厘米　口径19.7厘米
1976年陕西扶风庄白家村出土
现藏周原博物馆

承接双龙或双虎作为支撑，属于壶类中最豪华、最有气魄的器形，常陪葬在大型墓葬中，器主应是地位显赫者。扁壶是战国时期出现的一种全新的器形，多在淮河流域和长江中游以北地区流行。瓠壶造型精巧而独特，是壶中数量较少的器形，发现于陕西秦国辖区，它与扁壶同属于北方器形。此外，江南还流行一种鸱鸟形壶，也属于地域性颇强的器形。

两汉时，壶类器仍很盛行，但名称有所变化。圆形铜壶多自铭为“钟”，只有少数仍自铭为“壶”。器形多呈圆鼓腹，短颈，腹上铸一对铺首衔环。东汉时，有的钟上增设链梁。方形铜壶称“钫”，作容酒器或作量器。《说文》称：“钫，方钟也。”河北满城中山靖王刘胜墓出土的方壶，颈部镌刻有“中山内府铜钫一”等铭文。器形为方体壶，口外侈，直颈较长，斜肩，鼓腹下敛，圈足，多有盖。目前发现的此类器数量不多。铜扁壶称“钾”，可能为了区别于同时盛行的钟（圆壶）和钫（方壶）而将铜扁壶改称为“钾”。江西省博物馆收藏有一件西汉扁壶，就自铭为“钾”。

西周中晚期还出现了自铭“饮壶”之器，如伯䧹饮壶和曩仲饮壶均自铭为“饮壶”，以后此类器消失。它们因有自铭而自成一类。基本形式为椭方体，下有圈足，或有盖。饮壶无流，饮用时很不方便，或根本无法饮用。又因制作均精美，故从实用器中分离而成为纯粹的礼仪用器。

25. 莲鹤方壶

1923年，河南新郑李家楼县绅李锐雇工打井时发现一春秋时期的大墓，已知出土铜器有钟18件、镈4件、鼎22件、鬲9件、簋11件、匜6件以及尊、罍、壶、舟、洗、盘、炉和兵器、车器、马饰等，共百余件，其中九鼎、七鼎各一套，铜簋中有8件自成一组，与礼节所记九鼎配八簋的制度相符。由此可见，该墓墓主当是郑国有地位的贵族。如此之多的青铜礼器，也反映出地方诸侯对周礼的僭越。

在李家楼出土的众多青铜器中，最为精彩和长期为人所称道

图72　鸟盖瓠壶
战国中期
通高33.5厘米　口径5.8厘米
1967年陕西绥德征集
现藏陕西历史博物馆

图73　曩仲饮壶
西周中期
高13.2厘米　口长8.4厘米　口宽6.8厘米
现藏上海博物馆

的是一对莲鹤方壶，分别藏于北京故宫博物院和河南博物院。两器设计精巧，铸作技艺卓越，为春秋时代青铜艺术最佳之作，代表了东周青铜器推陈出新的艺术追求。

壶主体部分为西周晚期以来流行的方壶造型，长方圆角体。壶身通体满饰以双尾龙纹为中心的形状各异的交龙纹，不分主次，上下穿插，构图极为复杂。壶身两侧还各有一龙形耳，龙呈顾首匍匐状，龙角高高突出，龙身有细密的透孔，龙尾卷曲。上腹部的前后正中饰有兽形棱脊，下腹部的四隅饰立体的攀援飞龙。圈足上饰一圈虎纹，圈足下有一对承托负重的怪兽，高冠，昂首吐舌，蜷曲四足，卷尾，颇有动感。

壶盖的铸造也匠心独具。盖沿饰龙目交连纹，盖面四周装饰着敞开的双层立体镂空莲瓣，使壶盖形似一朵盛开的莲花。盖面中心立一只仙鹤，张喙嘶鸣，振翅欲飞，栩栩如生，且为活动构件，可以取下，便于壶盖卸置，在讲究美观的同时兼顾实用性，不能不令人惊叹。

此对方壶铸造工艺复杂，采用了圆雕、浅浮雕、细刻、焊接等多种技法。壶身的龙形耳、兽形棱脊、攀援飞龙，圈足下的承托怪兽，以及壶盖上的立鹤，都是采用分铸法铸造后再铸接至器身的，体现了先进的铸造工艺和高超的技巧。

总而言之，莲鹤方壶构思新颖，设计巧妙，融清新活泼和凝重神秘为一体，整体造型呈现一种动感和旋律感，具有“凌于云气，入于深泉”的雄伟气魄，体现了春秋时代的革新、创造精神，被誉为时代精神的象征。

26．罍

青铜罍是一种大型容酒器，兼作水器，属于青铜器中器形变化不大的器物。铜器中有自铭“罍”者，如凌方罍、父乙罍和邳伯罍等。这些自铭器均有双兽首半环耳。宋《博古图录》将这种自铭为罍者称作罍，此外还采用《考古图》之说，称一种无耳、折肩器为罍。现时一般通称为罍的，均依《博古图录》，并将罍形器归纳为折肩圆腹罍、圆肩圆腹双兽耳罍、圆肩方腹双兽耳罍三类。

图74　莲鹤方壶
春秋中期
通高122厘米　宽54厘米
1923年河南新郑出土
现藏北京故宫博物院

这三类的共同特征是：小侈口（或直口），直颈或微斜，折肩或圆肩，腹较深，最大径在肩腹之际，腹壁斜下收缩成矮圈足或平底。第一类出现于商代早期，后两类自商代晚期出现后一直延续到春秋中期。

商代早期出现的罍，均为折肩圆腹罍。此类罍的诸多特征均与商代早期的圆尊相近，故一般容易混淆，实则一般大敞口小肩径者为尊，小侈口大肩径者则为罍。

商代晚期罍的基本形式仍是以小口、圆肩、高体和下部收削的平底器为主。与商代早期器不同的是，它往往有器盖，肩旁两侧各有一耳，器的下部另有一鼻钮，体现出与尊和壶的显著区别。此外，还出现了一种方体罍，是礼器群中很活跃的一种，例如陕西城固出土的一对鸟纹方罍。

西周早期，罍在中原的数量偏少且纹饰转向粗犷，而一些地区如今北方的辽宁和南方的四川等却出现了颇具特色的圆体罍和方体罍。例如辽宁喀左北洞二号窖藏出土的蜗身兽纹罍，属于圆体罍；北京房山出土兽面纹方罍，属于方体罍。

西周中晚期和春秋早期，罍虽不多见，但所出均在大墓之中，凸显出其在当时的地位之高。形制一如从前，小口、宽肩、下腹收束、圈足，肩上有环耳。春秋早期的罍逐步走向质朴简约，深鼓腹，小平底，素面，肩部有对称耳。这是春秋早期的青铜器由端庄厚重走向质朴简约的典型代表。春秋中期以后罍数量大增，但在战国中期后又突然消失了。春秋中期至战国前期的罍常以蟠龙作装饰，强调龙与水的关系。三晋地区还流行以络纹作罍的装饰。

【小辞典·《考古图》】

宋代金石学著作。吕大临撰。成书于宋元祐七年（1092年）。全书共十卷（外加释文一卷）。著录了当时官廷及私人收藏的器物，总共目列224件器物，实收234器。包括商周至秦汉铜器211件，实收225器，另有玉器13件，实收9器。每器皆摹绘图形，记录尺寸、容量和重量，并作一定的考证，其收藏处和出土

图75　兽面纹罍
商早期
高24.5厘米　口径13厘米　重2.4千克
1955年河南郑州白家庄出土
现藏河南博物院

图76　蜗身兽纹罍
西周早期
高44.5厘米　口径15.3厘米
1973年辽宁喀左北洞出土
现藏辽宁省博物馆

地可考的也加以说明。此书是中国现存年代最早而又较系统的古器物图录。虽在器物定名方面有一些错误，但大多数是正确的，有一些未见自铭的青铜器，如方彝、卣、斝、觚等，皆为此书所初名，并一直沿用至今。此书在青铜器著述的体例上，有着开创之功，后世的许多青铜器著录，大体上都沿袭该书的体例编纂。

27．𨱔

𨱔是西周晚期新出现的一种容酒器，沿用至春秋晚期，战国中期以后消失，存在时间并不很长。此类器有自铭为“𨱔”者。𨱔与罍关系密切。“𨱔”与“罍”古音为一声之转，从器形上看，𨱔是由罍演变而来的，都是小口大腹，区别在于罍有三耳，而𨱔仅有肩上二耳。当罍逐渐消失之时，也正是𨱔的开始使用之时，彼此消长的过程十分清楚。

西周𨱔的基本形制一般为小口广肩，高体，有盖，并有与其他酒器区别明显的假圈足，如西周中期的仲义父𨱔，其独特的假圈足足以使它与其他酒器区别开来。

春秋𨱔的器体一般偏矮，器径则较宽，腹部内收，底径较小，有折肩与圆肩两种形式。如山东沂水出土的立鸟盖𨱔，短颈，光肩，折腹，小平底，肩部两侧附兽首衔环耳，器身饰瓦纹，圆盖饰鸟形钮，显示出诸侯礼器的风格趋于质朴和简洁。战国中期以后，𨱔已基本不见。

28．方彝

彝，本为青铜礼器的共名。宋人将一种器腹侧面与横截面皆为长方形，四隅有扉棱、下有方圈足之器称为“彝”。近人将之归为一类，名“方彝”，学者从之至今。方彝的功用，史无记载，据研究为盛酒器具。

方彝出现于商代晚期，是一种极具特色造型的容酒器。通高在15～40厘米左右。长方形口，下腹略收；有盖，作四阿尖攒屋形顶，盖钮也似屋顶；长方形圈足；体、足和盖的四角各有一

图77　立鸟盖罍

春秋早期

通高53.4厘米　口径25.1厘米　底径20.5厘米　重25.5千克

1925年山东沂水出土

现藏山东博物馆

条扉棱，有的中部亦有扉棱。器物表面全部装饰有花纹，颇有特点。河南殷墟妇好墓出土的一件长方彝，因形似两方彝之并合器，故又名“偶方彝”，为方彝中的特殊形制。

西周早期，方彝继续流行，而且形制与商代晚期接近。断面为长方形，器壁或直或弧，而以弧壁为典型。器身的四隅和壁间多有扉棱，盖面也有相应的扉棱，钮作高耸的屋顶形。纹饰往往布满全身。有的器身两侧有四根出脊可以当柄。陕西扶风庄白家村出土的旂方彝是西周早期晚段的昭王时器具，可视为这一时期的标准器。

西周中期，方彝走完了最后的历程，春秋早期不再出现。上海博物馆收藏的师遽方彝所展示的是典型的西周中期新形式，主体仍是纵短横长，腹内有中壁，间隔成两室，可放置两种不同的酒，盖沿一侧有两个方口，可置挹酒的小酒枓。壁两侧有象鼻形上卷的耳；屋顶形盖，盖上有屋顶形钮，全身布满花纹。

【小辞典 · 枓】

酒或挹水器。流行于商周。本作斗，因有别于量器之斗，故取枓字。徐锴《说文解字系传》载：“枓，勺也，从木斗声。臣锴按，字书枓，斗有柄，所以斟水。”勺和枓作用相似，其形有区别，曲柄为枓。

29．青铜水器概述

挹水器是青铜器的重要组成部分。水器中绝大部分是用于盥洗的，故又称之为盥器，大致可分为承水器、注水器、盛水器和挹水器四种，包括盘、匜、鉴、盥缶、洗等。

目前发现的商代至西周早期的铜质水器只有盘，不见其他与盘相配套使用的水器，说明当时的人们主要在盘中直接盥洗，盘仅仅作为一种盛水器。

西周中期以后，宴飨或祭祀之前要行的沃盥之礼盛行。因此，在重食礼制的形成过程中，与酒器地位的下降相反，水器在

图78 妇好偶方彝
商晚期
通高60厘米 口长88.2厘米 口宽17.5厘米 重71千克
1976年河南安阳殷墟妇好墓出土
现藏中国国家博物馆

图79 蛙首兽面纹枓
商
通长17厘米
1957年山西楼后兰家沟出土
现藏山西博物院

礼器中的地位逐渐上升。以盥洗器为代表的水器有了长足的发展，成为西周社会礼制大变革的另一重要内容。

西周中期，作为酒器的盉，功能发生了变化，开始与盘相配，作为一套盥洗用的水器加入青铜礼器的组合之中。西周中期后段出现了匜，盘与匜开始组合使用，即用盛满水的匜往手上浇水，下用盘承接洗过手的弃水。这种盥洗法无疑是更卫生，更科学，更进步。

春秋时期的水器，主要仍是盘、匜的组合，盥缶也开始盛行。此外，春秋中期以后出现的大型盛水器，如间或用于储冰的鉴，开始在春秋晚期和战国时期盛行，并沿用至汉代。

战国以后，随着沃盥之礼的渐渐废止，盘被洗所逐渐替代。

30．盘

盘，盛水之器，后演变为专门用来承接洗手的水器（承盥器）。在典籍中作“槃”，是因最早和最常见的盘是以木质为之。青铜盘出现在商代早期，流行于商代晚期至战国。

商代早期的青铜盘均为大敞口，浅圆腹，圈足，无耳。腹部素面或饰兽面纹带，圈足多饰十字形或方形镂孔，有的盘内壁饰有鱼纹等图案。商代晚期的青铜盘都是敞口，折沿深腹，圈足较高，无耳。

西周早期的盘在商晚期盘的基础上，盘径有增大的趋势，且略微增高了圈足的高度，并逐渐出现了双附耳，双耳的高度往往与盘口沿齐平。自西周中期开始，盘的形制有较大的变化，盘腹变浅，增设双耳成为普遍现象，有的在圈足下另加附足，以增加盘的高度。中国国家博物馆收藏的虢季子白盘是颇为特殊的作品。它不是一般的圆形，而为器口圆角长方形，形似硕大的浴盆。在这一时期，盘往往是以重大历史事件载体的形式出现，铭文都极为重要。如陕西扶风庄白家村出土的史墙盘有284字，前段追颂了周初文、武、成、康、昭、穆各王和赞美时王恭王的功业，其中记载的昭王伐楚荆，可印证和补充历史文献；后段记载微氏家族的发展史，是研究西周贵族家族的珍贵资料。又如虢季子白盘

图80 单匜
春秋早期
高20.7厘米 长37厘米 重3.3千克
1972年河南罗山高店出土
现藏河南博物院

图81 单盘
春秋早期
高17厘米 口径41.8厘米 重10.03千克
1972年河南罗山高店出土
现藏河南博物院

的器底铸铭文8行111字，内容可与《诗经》的一些篇章印证，也是西周晚期重要的历史资料。

春秋战国时期的盘，流传和出土的数量较多。春秋早期与西周晚期的大体相似，春秋中期开始有较多变化，仅耳部就有附耳、环耳、兽首耳、兽首衔环耳等，圈足或平底，有的平底下还承兽面蹄足，圆盘、长方形盘均有。

31．曾侯乙尊盘

1978年湖北随县曾侯乙墓中出土了一套尊盘。尊内盛酒，盘内盛冰。出土时尊置于盘上，拆开来是两件器物，极其别致。

尊喇叭形口，宽厚的外沿翻折，下垂，上饰玲珑剔透的蟠虺透空花纹。长颈，饰蕉叶形蟠虺纹，蕉叶向上舒展，与颈顶微微外张的弧线相搭配，和谐美观。鼓腹，高圈足。颈与腹之间加饰四条圆雕伏兽，躯体由透雕的蟠螭纹构成，兽沿尊颈向上攀爬，回首吐舌，长舌垂卷如钩。尊腹、高足皆饰细密的蟠虺纹，其上加饰高浮雕虬龙四条，层次丰富，主次分明。

盘直口，口沿饰蟠虺纹透空花环。浅腹直壁，饰细密的蟠虺纹。口沿有四个对称的长方形透空附饰。附饰下有两只长条形扁体镂空兽，兽首下垂，附饰间有一圆雕双体龙蟠伏盘腹上，与盘腹蟠虺纹相互呼应，从而突破了满饰蟠螭纹常有的滞塞、僵硬之感。平底，四龙形蹄足。原有铭文六字，记为曾侯遡之器，后改刻七字，记为曾侯乙之用器。

曾侯乙尊盘堪称春秋战国时期最复杂、最精美的青铜器件。通体用陶范浑铸而成，尊足等附件为另行铸造，然后用铅锡合金与尊体焊在一起。透空纹饰以失蜡法铸造，装饰表层彼此独立，互不相连，由内层铜梗支撑，内层铜梗又分层联结，参差错落，玲珑剔透，令观者凝神屏息，叹为观止。可见，早在公元前5世纪，失蜡铸造法在中国已有很高的技艺水平。

图82　虢季子白盘
西周中期
通高39.5厘米　口长137.2厘米
传清道光年间陕西宝鸡虢川司出土
现藏中国国家博物馆

图83　曾侯乙尊盘
战国早期
尊高33.1厘米　口径62厘米
盘高24厘米　口径47.3厘米
1978年湖北随县曾侯乙墓出土
现藏湖北省博物馆

32. 匜

匜是西周中期后段新出现的一种盥洗器，流行于西周晚期和春秋时期，是体现周礼的重要礼器之一。匜的功用主要是盥手注水，《左传》有“奉匜沃盥”之语，意思是执匜浇水于手而洗。匜往往与盘组合同用，早在曲阜鲁国故城西周中期墓中就发现了盘、匜二器的组合，如单匜和单盘就是一对典型的盥洗器。

匜的造型整体似半瓢。瓢颈为流，流有槽流和管流两种。西周时期的匜均为槽流，管流匜出现于春秋中期，有的还铸成虎首或兽首形。匜的圜底下多有四足，四足有兽腿形、兽形、人形等，春秋时有三足和无足的匜，战国时期多为无足匜。后部设兽首或龙形大鋬，龙首或探出匜口或在口下些许，上有螺旋形、曲枝和长颈鹿三种类型的角，龙尾作小钩形。有盖匜十分少见，陕西岐山董家村出土的𠑇匜，平盖，盖前端还铸成虎头形。匜多在口沿外壁装饰一圈较为细密的纹饰，如窃曲纹、卷尾龙纹等，在腹部饰较为疏朗的横条沟脊纹或素面无纹，有的整器无纹，或均饰横条沟脊纹等单一纹饰。

33. 鉴与盥缶

鉴是春秋中期以后出现的大型盛水器，或用于储冰。《说文·金部》曰：“鉴，大盆也。”一般为沐浴的器皿。甲骨文有“监”字，作一人俯首在大盆前照容状。古时监、鉴相通，古人常在鉴内盛水照容。

鉴盛行于春秋晚期和战国时期，沿用至汉代。形制较单一，体形较大，器型多为圆体，形似盆，广口，深腹，平底或圈足，器沿下置两耳或四耳。方形鉴较少见。湖北随县擂鼓墩曾侯乙墓随葬的冰鉴，由方鉴和方尊缶组成。盛酒的方尊缶置于方鉴内。方尊置于鉴内时三个榫眼刚好套入鉴底相应部位的三个弯钩内，其中一个弯钩装有倒钩，方尊缶安好后，倒钩自动掉下卡住圈足，使尊缶固定在鉴底不能移动，设计颇具匠心。两器之间的空隙放

图84　㒀匜
西周中期
通高20.5厘米　腹宽17.5厘米
1975年陕西岐山董家村出土
现藏岐山县博物馆

置冰块，可以使方尊缶内的酒降温，防止变质，利于储藏。

盥缶，也可称为行缶，也是一种大型盛水器，高约35～50厘米。盛行于春秋战国，汉代少见。器形变化不大，有隆盖，盖顶多有圈形把手或环形钮。器身似罍，敛口，圆肩，鼓腹，下腹内敛，短圈足。肩部两侧常置链式衔环耳，便于提携。战国后期楚国吞并鲁国以后，统治者曾到泰山举行隆重的祭祀山神的活动。1954年在泰山脚下发现了6件作为祭器的盥缶，其中右征君盥缶、楚高盥缶都记有铭文。由此证实，盥缶不仅是沐浴的实用器，还是重大礼仪活动的重器。

【小辞典 · 甲骨文】

又称“契文”、“卜辞”、“龟甲文字”、“贞卜文字”、“殷墟文字”等。中国上古时代的文字，特指殷代后半期书写或刻在龟甲、兽骨上的占卜、记事文字，是中国现存最古老的文字。不重复的字约四千多个，可识的有近两千字。文字内容，除极少数属于记事外，大部分是关于王公问卜的。

34．青铜乐器概述

乐器是中国古代青铜器中的重要组成部分。商周的青铜乐器与宫廷音乐密不可分，在国家举行宴飨、祭祀、征伐等大典时，都要有乐舞相伴，并有严格的礼乐制度。在礼乐制度下，宫廷音乐的主要形式有吹奏乐和打击乐两种，前者多是陶质乐器，如陶埙，后者多是青铜乐器，如铙、钟、镈、鼓等，因此青铜乐器在商周礼制中占据着重要的地位。

二里头文化时期的青铜乐器中仅发现一种铜铃。铃形体较小，器壁较薄，口部平齐或凹进，横截面为单叶形或椭圆形，两侧倾斜作矩形，一侧带扉（或称翼），平顶上有半环形钮或半环形梁，腔内系一可活动的铃舌。除在偃师二里头遗址出土过以外，在其他相当于二里头文化遗址如安徽等地也曾发现。商周、春秋战国的铃已经摆脱乐器的行列，出现车铃、执铃、犬马铃等。

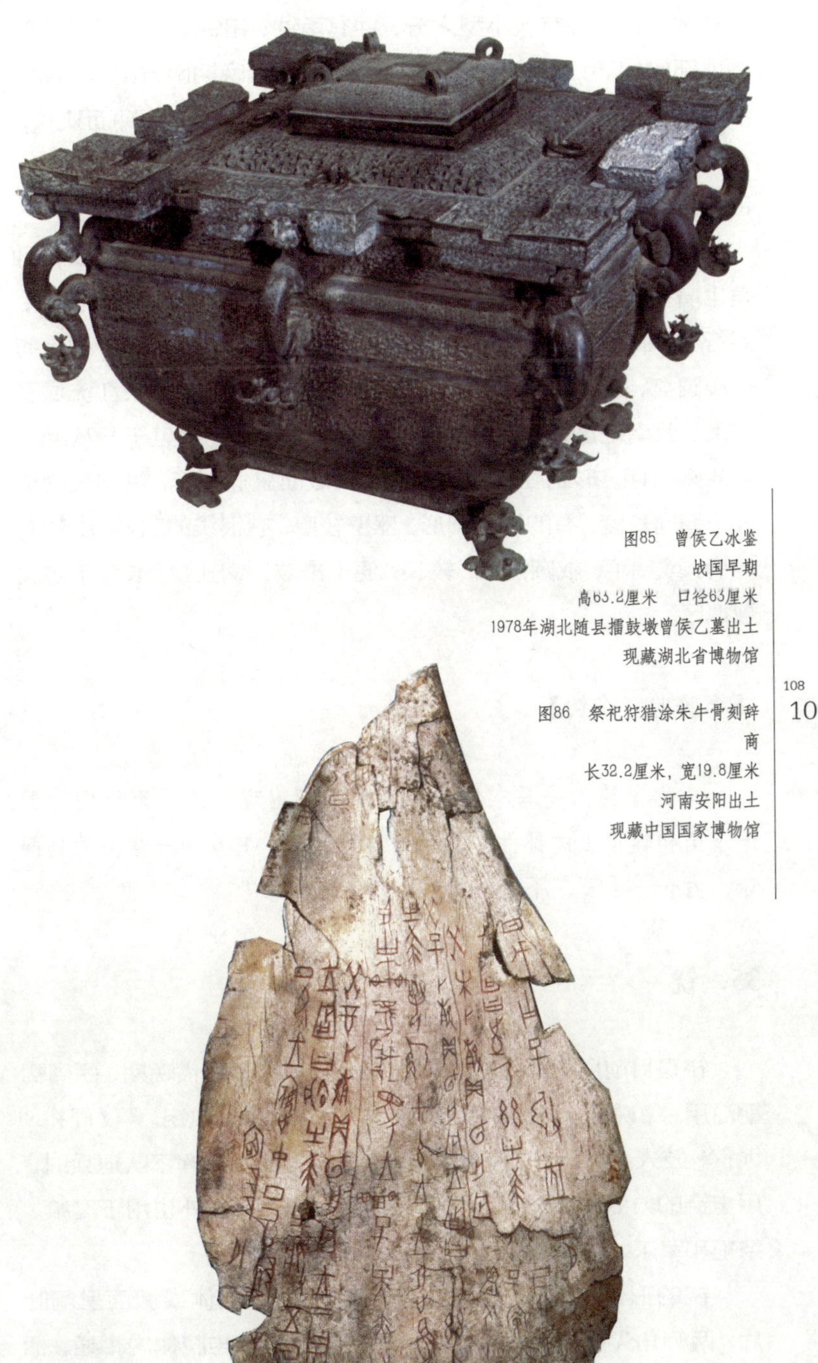

图85　曾侯乙冰鉴
战国早期
高63.2厘米　口径63厘米
1978年湖北随县擂鼓墩曾侯乙墓出土
现藏湖北省博物馆

图86　祭祀狩猎涂朱牛骨刻辞
商
长32.2厘米，宽19.8厘米
河南安阳出土
现藏中国国家博物馆

商、西周的青铜乐器主要有铙、钟、镈、钲几种，青铜乐器已经基本齐备。铙有大小型之分，钟有甬钟、钮钟之别。镈其实就是顶部作扁环钮或伏兽形钮的平口钟，商代晚期南方出现，盛行于春秋战国时期，与编钟和编磬相配合演奏。钲形似钟而狭长，有柄可执，用时口朝上，以槌敲击。盛行于春秋徐、楚、吴等国，也有将商代的铙称为钲的。

春秋战国时期“礼崩乐坏”，青铜乐器的使用更加广泛，种类也增多了，除钟、镈外，新增錞于、钩鑃、鼓。錞于始于春秋，盛行于战国至西汉前期。形体高大，圆筒形，上部鼓突，顶上有一浅圆盘，置半环钮或虎形钮等，可悬挂。多出土于长江流域及华南、西南地区，山东、陕西也有少数发现。钩鑃见于春秋晚期和战国时期。形制腔体似铙而长，横截面呈椭圆形，纵向长度稍大于横向长度，有的接近圆形，器壁较厚，有很浅的凹弧口，顶有一柄，或扁平，或圆柱形，较长，便于击敲，多出土于长江下游吴越地区。

【小辞典 · 车铃】

又称銮铃，是马车佩件。西周早期出现，流行至战国。置于车衡和轭顶上的部件，车行则铃声动听。其状为一镂空的扁圆球，内含一小石，下有一长方形座。

35．铙

铙是目前所见最早的青铜打击乐器，始于商代晚期，西周初期沿用。《说文》云：“铙，小钲也。军法，卒长执铙。”《周礼·地官·鼓人》载：“以金铙止鼓。”即在作战中指挥军队退兵时，用击铙的方式指示停止击鼓，是退兵的号令。此外也用于宴飨、祭祀和军乐。

铙的形体似铃而稍大，口部呈凹弧形，铙体横截面呈阔叶片，两侧角尖锐，底部有安置木柄的管状柄，与腔体内相通，柄中可置木段。使用时铙口向上，以槌敲击，发出声音。按铙的形体

图87　秦公镈
春秋早期
最大者通高69.6厘米
1978年陕西宝鸡太公庙村出土
现藏宝鸡市博物馆

图88　配儿钩鑃
春秋晚期
通高40厘米
1977年浙江省绍兴出土
现藏绍兴博物馆

可分为大小两种。

小型铙主要出土于中原地区，其高度一般在25厘米以下，器腔的宽度多大于长度，纹饰以兽面纹为主，均无枚。一般出土一件，殷墟墓葬中出土有三件、四件、五件一组的编铙，大小相次，为宫廷礼乐器，是迄今所知数量最多的编铙。对三件一组铙的测音结果表明，大、中、小三铙之间均按相差四度半音程排列，大铙低沉，中铙明亮，小铙清脆。由于考古资料的完备，小铙流行的时代，一般无争议，均认为是商代晚期至西周早期之物。

大型铙目前所见有80多件，多数出于湖南和江西，此外安徽、江苏、浙江、福建、广西等省区也有出土。高度一般在30厘米之上，器体厚重，柄较粗大。纹饰多为线条圆弧形凸起的变形兽面纹和阴线条的云纹，有些铙有枚。对于大铙的时代认定，学术界有不同的认识，或认为是商代晚期至西周早期之器，或认为是春秋时期越族青铜文化的遗物。

36．钟

青铜钟是一种打击乐器，是宗庙祭祀与宗族宴飨的主要乐器，也可作军乐器。钟作为重要的礼乐之器，像其他青铜容器一样，多铸铭专以记功烈者。

钟的形式从铙演化而来，基本形制是体两侧尖而扁体，横截面近于扁圆的橄榄形，钟口为弧形，钟内无钟舌，以钟锤敲击钟体的鼓部而发声。钟的各部分名称是：共鸣箱的平顶称为“舞”，正背的中上部直的阔条称为“钲”，其两边突出的乳钉称为“枚”，“枚”的上下间隔部分称为“篆”。“枚”和“钲”占去了钟面的大部分位置。以下称为“鼓”，弯曲的下口称为“于”，尖锐的两侧称为“铣”。悬挂钟体的柄形物称“甬”，“甬”的顶端称“衡”，中段突出的部分称为“旋”，“旋”上用以挂钟钩的孔称为“干”，悬挂的方式是倾斜的。西周中期开始出现了直悬的钟，在“舞”面上竖立一“Π”形的梁，称为“钮”，斜挂的钟称甬钟，直悬的钟称为钮钟。

无论甬钟或钮钟，其共鸣箱都是扁突体，似上下覆瓦而构

图89　立象兽面纹铙
商晚期
通高103.5厘米
1983年湖南宁乡黄材月山铺出土
现藏长沙市文物工作队

成。因扁圆体的特殊形式和结构，正鼓部和侧鼓部能敲击出不同频率的音，故先秦青铜钟可称为双音钟。这与欧洲的圆钟只能发出一个频率音是不同的。但不是所有的先秦钟都能产生两个音频，如果横截面为椭圆形的钟，则和圆钟相似，只能产生一个音频，但绝大多数的西周钟都是双音钟。双音钟的优点在于数量不多的钟即能构成较完整的音阶。

目前尚未见到商代晚期的钟。西周至春秋战国是青铜钟的盛行期。甬钟的形制从西周早期到春秋早期基本上没有大的变化，都是钟体合瓦形，但各部位之间比例的发展和变化则较为复杂。一方面，钟体由瘦长渐变为粗短，舞部和钟口与体高的比例逐渐增大；另一方面，钟厚与体高的比例、舞部与钟口的宽纵之间比例却基本不变。战国中期以后，合瓦式的青铜钟逐渐减少。

37．编钟制度

青铜钟自出现开始，似乎就成套使用，目前所见最早的西周早期宝鸡竹园沟7号墓所出土的就是三件一组。成套的钟数目不一，由此构成一定的音阶关系，文献中称为“编钟”，其名称始见于《周礼·春官·磬师》“击编钟”的记载。

完整的一套编钟称为一肆。《周礼·春官·小胥》载：“凡悬钟磬，半为堵，全为肆。”一套编钟的件数，西周早期和中期偏早基本上是三件一编，到了西周中期偏晚和晚期则发展到八件一套，几乎成为定制。例如，陕西长安普渡村西周中期长由墓及宝鸡茹家庄强伯墓都出土有三件一组的编钟，西周晚期的仲义钟和柞钟都以八件成编。

河南三门峡虢国墓地2001号墓出土的虢季编钟，共8枚，是西周晚期典型的编钟。最大的高58.5厘米，最小的高22.7厘米，形制、纹样基本相同，大小依次递减。钟身呈合瓦形。钟腔内壁锉磨有数量不等的纵向调音槽（即所谓隧），少者有两道，多者有八道。虢季编钟在调音锉磨中先两铣、后两正鼓的程序，是西周编钟艺术的重要进步，在编钟断代上也具有意义。部分编钟的侧鼓部有一小鸟纹，作为侧鼓音的敲击点标志，这是研究古人有意

图90 师臾钟
西周中期
通高76.5厘米
1974年陕西扶风黄堆镇强家村出土
现藏陕西历史博物馆

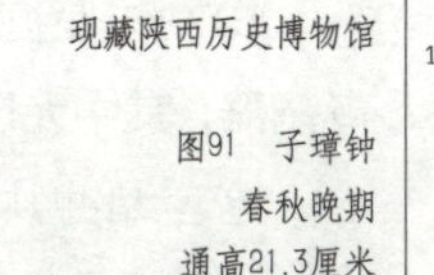

图91 子璋钟
春秋晚期
通高21.3厘米
现藏上海博物馆

识、有选择地使用侧鼓音的重要资料。虢季编钟的音列结构与西周编钟常见的正鼓音音列“羽、宫、角、羽”，加上侧鼓音成五声而缺商的常见情形完全相同，这是音乐考古学上多次证明了的西周编钟常规的音列模式。这一时期的编钟音律十分准确的很少，而虢季编钟音律却十分准确，殊为少见。

东周时期王室力量衰微，西周时期严格的礼乐制度逐渐遭到破坏，编钟的数量由原来的一肆八件、九件扩展到十一件、十三件、十四件。河南信阳长台关楚墓出土有一组十四件的编钟，湖北随县曾侯乙编钟共六十四枚，分三层悬挂在曲尺形的钟簴上，分组最多的钟数为十二枚，也有十一枚和十枚的，这是迄今为止最完整的钟的组合。编钟数目的增加推进了音域的发展。

编钟的悬挂方式有严格的等级名分的规定。据《周礼·春官·宗伯》中的规定，天子的乐器是四面悬挂，犹如四面有墙，谓之“宫悬”；诸侯去其南面乐器，作东西北的三面悬挂，谓之“轩悬”（亦称“曲悬”）；大夫则只能于左右两面悬挂，谓之“判悬”；士仅可于东面或阶间悬挂，谓之“特悬”。但这种悬挂的方式在考古中已难觅踪迹。

38. 曾侯乙编钟

1978年发掘的湖北随县擂鼓墩曾侯乙墓，出土了大批精美的青铜器，其中尤以一套编钟为最。

这套编钟共计六十五件，包括钮钟十九件、甬钟四十五件、镈钟一件。出土时依钟的形状大小和音高为序组成八组，悬挂在铜木结构的三层曲尺形钟架上。编钟出土时，在近旁还有六个丁字形彩绘木槌和两根彩绘木棒，是用来敲钟和撞钟的。

钟架由二百四十五个构件组成，可以拆装，设计精巧合理，并以黑漆为地，施朱、黄色彩绘纹饰，华丽非凡。钟架有七根笱（即悬挂乐器的横木），笱两端有浮雕或透雕盘龙和花瓣形纹饰。六个佩剑武士形钟簴（钟架两旁的柱子）和圆柱承托整个钟架。

编钟的上层3组19件，均为钮钟，体较小；中层3组33件，均甬钟，体形居中；下层2组13件，除西架正中的1件镈钟外，余均

图92　虢季编钟
西周晚期
通高22.7～58.7厘米
1990年河南三门峡虢君季墓出土
现藏河南省文物考古研究所

图93　曾侯乙编钟
战国早期
架长748厘米
最大者通高153.4厘米　重203.6千克
最小者通高20.4厘米　重2.4千克
1978年湖北随县擂鼓墩曾侯乙墓出土
现藏湖北省博物馆

为大型甬钟。镈钲部有铭文3行31字，记楚王酓章（即楚惠王）在位的第五十六年（公元前433年）为曾侯乙制作宗庙祭器，放在西阳。悬挂镈处，原应是一件从外观和音阶来讲都与两侧钟协调的甬钟，显然是为悬挂楚王镈而将那件甬钟移走的。

钟笋、钟钩、钟体共有铭文3755字，大多数为错金文字，内容有编号、铭记、标音及乐律。乐律铭文中还有春秋战国之际楚、晋、齐、申、周等国和曾国各种律名、阶名、变化音名之间对应关系的记载，反映了当时诸侯国之间在文化艺术领域里相互交流的情况，是研究先秦音乐史的珍贵文字资料。

此套编钟音乐性能良好，音调准确，绝大多数的钟能击发出两个不同的乐音，且与钟铭的标示相符，全面揭示了先秦编钟每钟双音的规律。音色优美，音域宽广，跨五个八度音程，可奏出五声、六声以至七声音阶，中心音域内十二个半音齐备，可以旋宫转调，演奏多种乐器。此外，经过对编钟的测音，证实战国时代已具有完整的十二乐音体系，打破了过去认为十二律是由古希腊传入的说法。

曾侯乙编钟是至今已发现的最雄伟、最庞大的乐器，是中国古代音乐文化高度发展的结晶，也是世界文化史上的瑰宝，因此被誉为古代世界的“第八大奇迹”。

39. 鼓

鼓是一种打击乐器。出现的时间很早，早在新石器时代就有陶塑的鼓。商周时期的鼓绝大部分是木质的，青铜鼓仅见有两件。一是湖北崇阳白霓出土、现收藏于湖北省博物馆的兽面纹铜鼓，一是日本东京泉屋博古馆收藏的双鸟怪神纹鼓，两器均是殷商时期器。兽面纹鼓形似横置的筒形，两侧为鼓面，蒙革，周缘有鼓革的钉纹三排。鼓框饰大兽面，上有一枕形座，用以插杆饰，下为长方形圈足，每边有方形缺口。双鸟怪神纹鼓也呈横置的筒形，两侧为鼓面，鼓面做成蟒皮形，有鳞片纹，四缘有四道钉鼓革的钉纹。鼓框饰一头上有大角的怪神，顶上有鸟形座，中有孔，可插杆饰，下有四足。

图94　楚王酓章镈
战国早期
通高92,5厘米
1978年湖北随县擂鼓墩曾侯乙墓出土
现藏湖北省博物馆

两汉至三国时期的铜鼓较多见，且集中于广西、广东、云南、贵州和湖南等地特别是百越民族聚居地区，一直延用到近现代。据有的学者统计，现有的包括传世和出土的铜鼓约在1400面以上。基本造型为圆墩式，中空无底，由鼓面、鼓胴（胸）、鼓腰、鼓足和鼓耳五部分组成。鼓面和突出的鼓胸呈可供储声、共鸣的拱形。鼓声经过圆柱形的鼓腰，最后到达宽敞的像喇叭口一样的鼓足，向外传送出去，形成独特的铜鼓音乐。每面铜鼓能敲出两个音，音调较为单纯，在大多数场合必须由多面铜鼓组合或与别的乐器配合使用。鼓耳是为悬挂和搬动方便而设，其上可系绳索。鼓面中心处常饰有太阳纹、云雷纹、竞渡纹、羽人纹、翔鹭纹等，有的鼓面上还铸出浮雕青蛙或马的立体形象。

铜鼓在发展过程中，每个时代不同的地区有着不同的类型，不同的时代又具有不同的特征。早期铜鼓主要是作为乐器使用，发展成熟后的铜鼓，社会功能变化更大，使用场合更多，也更复杂。除作为音乐、舞蹈的伴奏乐器外，它可以发号施令、指挥军阵，作为权力的象征；可用于贡纳赏赐，作为财富和等级的标志；可用于贮藏贝币，以示富有；甚至还可用来作葬具，以祐祖先神灵。所以，铜鼓在南方地区少数民族中有着特殊的社会意义，其艺术创作及铸造技术代表着当时这一地区的最高技术水平。

【小辞典 · 百越】

在先秦古籍中，对于东南地区的土著民族，常统称之为“越”。在此广大区域内，实际上存在着众多的部、族，各有种姓，因此不同地区的土著又各有异名，如苏南浙北一带称“吴越”，福建一带称“闽越”，广东一带称“南越”等。因此，“越”又被称为“百越”。百者，泛言其多。

40．青铜兵器概述

青铜兵器从狩猎工具发展而来。按用途可分为攻击型兵器和防御型兵器。其中攻击型兵器又可分为长兵器、短兵器、远射程

图95　兽面纹铜鼓
商晚期
高75.5厘米　面径39.5厘米
1977年湖北崇阳白霓出土
现藏湖北省博物馆

图96　五铢钱纹鼓
西汉
高57.2厘米　面径90厘米　重75.4千克
1954年广西岑溪出土
现藏广西壮族自治区博物馆

兵器，器形包括戈、戟、矛、铍、钺、鉞、殳、刀、剑、匕首、弩机、镞等。防御型兵器器形有甲、胄。

夏代兵器的种类较少，目前仅见有鉞、戈、钺和镞。随着奴隶制国家机器的日趋加强，商、西周军队发生重大变革，出现了步兵和车兵兵种，军队必不可少的各种兵器也相应增多。根据考古发现，当时盛行的铜兵器主要是戈、矛、钺、大钺和远程射击的镞等，适宜步兵和车兵使用，但夏王朝时期的青铜戚已逐渐消失。在多种兵器中，较多的朴素无华的兵器为实战用器，而质量最精者基本上都具有仪仗礼仪的性质，而不是平常的战斗用器。这些兵器或厚重难持，或轻盈无锐；器上或有极精细的花纹，或用绿松石镶嵌出具有一定意义的纹饰。这些纹饰或狰狞威严，或涉及天文天象，总之是力量和权威的象征。

东周时期各诸侯国征伐不断，各种青铜兵器皆已齐备。春秋时期的战争以车战为主，车兵是主战部队。在车战时代，交战双方战车交错，车兵才能交手格斗，所以武器越长越有优势，因此盛行戈、戟、矛、殳等长兵器，有些长达3米多。

战国时期，随着作战规模不断扩大，道路破坏，战地形势复杂多变，车战的作战能力大受限制而逐渐退居次要地位，步兵、骑兵作用突显。步兵注重长短武器相配，配备主要有几种形式：一是以短兵器为主，格斗兵器是剑或1米多长的戈、矛等，普遍配备盾和弓矢；二是以长兵器为主，格斗兵器是2米多长的戈、矛、戟等；三是以弩为主，主要配备强弩和箭矢，用以远射。后两种均配有剑，用以近战和护体。在实战中一般都将不同配备的战士混合编组，互相救助。

春秋末期至战国时期，兵器的飞跃还体现为铁兵器的大量涌现，各国用铁制造兵器已相当普遍。只是由于冶铁水平所限，铁兵器尚不能完全取代铜兵器。

41．戈与戟

青铜戈是一种用于钩杀的兵器，是冷兵器时代使用时间最长的长兵器，出现于夏代，直到战国以至秦汉仍未退出战场。

图97　江西新干大墓铜弋出土现场

图98　酗亚钺
商晚期
长32.7厘米　刃宽34.5厘米　重1.6千克
1966年山东益都苏埠屯出土
现藏山东博物馆

青铜戈由四大部分构成：戈头，戈的主要部分；柲，是戈的持杆，一般用木、竹制作，外用细竹片包裹，再用细丝线缠紧，外用髹饰；柲帽，是套在戈柲上端的附属物，作用是加固柲端，防止劈裂；镦，装于柲的下端，上有銎口，以纳柲体，镦的下端有锐底者，也有钝底者，镦的装置是东周时代发展起来的。由于柲一般为木、竹所制，柲帽、镦有铜质的，也有非铜质的，故遗留下来的较少，一般常见的是青铜戈头。

青铜戈头的各部位是：长条形锋刃部分称“援”，“援”后部的柄称“内”，“援”与“内”间可捆柲。“内”与“援”间的凸起称“阑”，作用是阻挡戈身向后滑落。靠近戈柲的下端延长的部分，称“胡”，但不是所有的戈都有“胡”。“援”、“胡”上的穿孔称“穿”，以皮索固定在柲上。

目前所见最早的青铜戈为夏代晚期器。有直内和曲内两种，内部都有圆穿或方穿。直内戈，援与内分界不明显。

商代早期的青铜戈仍有直内戈和曲内戈两种，以直内戈为多。直内戈，直内，长条形援，援中部起脊，上下皆有锋刃。曲内戈，内部弯曲下垂更甚。无论直内或曲内戈，多无胡，在援紧贴柲的部分上下有短柱形突出，以便戈头牢缚于柲上，称之为上下阑。

商代晚期，青铜戈是最常见的武器，也是殷商墓葬中最常见的随葬品之一。例如殷墟西北岗1004号墓，随葬69件戈，分三层放置：一排在西，21件，锋向南，柄向东；一排在东，29件，锋向北，柄向东；一排在东北段，19件，锋向西，柄向南；戈柲全长达一米。此时的青铜戈中还有一些制作精致、带有铭文的戈，属于身份高贵者或高级将领的专用兵器。另有红铜或绿松石镶嵌的青铜戈，其功能应不属于实战兵器，而是仪仗礼器。

西周的戈多短胡，有一穿至两穿。春秋战国的戈多有三至四穿，更便于固定在柲上，同时援变得狭长而扬起。战国晚期以后，戈逐渐被淘汰了。

戟是冷兵器时代最常见的长兵器，既可刺杀又可钩杀。青铜戟始见于商代中期，西周早期到战国较为盛行。一般多是戈和矛的合体，西周有少数是戈和刀的合体。春秋晚期至战国由于战争

图99　镶嵌兽面纹戈
商晚期
通长38.6厘米
1976年河南安阳殷妇好墓出土
现藏中国国家博物馆

图100　周王孙戈
春秋晚期
通长18.5厘米
1979年湖北随县季氏梁出土
现藏随州市博物馆

的需要，为增加杀伤的效果，出现了一种多戈戟，即除本身装置之外，在其下又装有一件或两件无内戈，如湖北随县擂鼓墩曾侯乙墓出土的三戈戟，极为罕见。

【小辞典 · 冷兵器】

不带有火药、炸药或其他燃烧物，在战斗中直接杀伤敌人、保护自己的武器装备，包括矛、戈、枪、戟、弓、弩、胄、盾等。材质有石、骨、蚌、竹、木、皮革、铜、钢铁等。其发展经历了石器时代、青铜时代和铁器时代三个阶段。火器时代开始后，冷兵器已不是作战的主要兵器，但因具有特殊作用，故一直沿用至今。

42. 镞与弩机

青铜镞是一种远射程武器。安装在箭杆前端的金属镞，用弓弦发射，杀伤力很强。由一尖锐的锋和张开的两翼，以及脊和铤组成。各部分皆有专名：前端的尖头称为“前锋”，两边的称为“翼”，翼上的锐利部分称为“刃”，两翼向后形成倒刺形的为“后锋”，后锋与脊相连处称为“本”，中间为“脊”，脊后端与铤连接处为“关”，关后端的圆棍为“铤”。青铜镞自夏王朝出现之后，其形制随着时代的发展而不断变化。

青铜镞在二里头文化中已比较常见，形制多仿自石、骨、蚌镞，形体较小。除圆叶形铜镞外，还有一种较进步的双翼带铤式镞，翼的末端呈后掠式，铤短，杀伤力远远超过由石、骨、蚌制造的镞。这种形式的镞一直延续到商、西周及至东周时期。

在商代早期的郑州南关外铸铜作坊遗址中，发现了数千块陶范，其中以镞范数量最多，说明商代早期青铜镞的铸造量很大。当时镞的形制仍以双翼镞为最常见，总的来看基本属于脊不透出本和脊透出本两种形制，但其局部却在不断变化、改进和提高之中。

商代晚期至西周，青铜镞的消耗量越来越多。江西新干大洋

图101　三戈戟
战国早期
连柲长325厘米　刺长15.3厘米　镈长4厘米
1978年湖北随县擂鼓墩曾侯乙墓出土
现藏湖北省博物馆

洲大墓一次出土123件，有的表面上粘附着漆皮，据推测是成组地装在漆箭袋中。此时青铜镞的形制大致沿袭前代，还出现了一种形体大、两翼外张、后锋尖锐、杀伤力极强的新型镞。为了减轻自身重量，新型镞采用了两翼镂空的造型。

春秋早期的青铜镞，两翼虽仍有张开的，但出现了收削的趋势。春秋中期以后，三角形刃镞开始盛行。这是横截面呈三角形或三角星芒形的狭刃镞，脊的长短有很大不同。这种镞没有翼，只有三条薄而锐利的狭刃附于脊上。有的刃全呈角形，也没有凹槽。还有一种似棒槌形的镞，没有前锋，顶平，有的有错金纹饰。这种异形镞应当不是兵器。

矢镞的发射，最初使用的是简易的弓，春秋晚期发明了木弩。弩机是装置在木弩臂后部的铜制机件，装置于弩的后部。它是最早利用机械原理发挥威力的武器。构件包括：钩弦用的“牙”，牙外的“郭”，“郭”上作瞄准用的“望山”，“郭”下的扳机“悬刀”。弩与强弓配合使用，发射时，瞄准望山，扳动悬刀，牙向下缩，所钩住的弦弹出，矢镞就被发射出去，杀伤力强，是冷兵器时代威力最强的武器。

春秋晚期至战国时期的弩机，均无郭、牙、望山和悬刀。汉晋时期弩机非常盛行，出土的数量也多。这一时期的弩机，机件部分加大，均有郭，铸造也精，有的镶嵌金银丝，望山上增加了刻度。

43．矛与殳

矛是冷兵器时代最常见的刺杀兵器。矛的锋刃在前，用于冲锋刺杀，故也称作“刺兵”，与“勾兵”相对。它沿用的历史很长，直至宋、元以后火器时代来临，冷兵器时代结束，这种兵器才逐渐从战场上消失。青铜矛始见于商代早期，汉代以后多用铁矛。

现今发现的铜矛多为铜矛头，包括“身”、“骹”两部分。身有锋刃，中线称“脊”。骹中空，略呈圆锥形，用以插柲（柄）；两旁常有环钮。柲端有铜饰称为“镦”。矛柲有用整条藤制成

图102　被镞击中的人头盖骨

图103　长脊宽翼镞
商晚期
通长9.2厘米
1989年江西新干大洋洲商墓出土
现藏江西省博物馆

图104　建武三十二年弩机
东汉
郭长11.8厘米　重1.1千克
1959年河北定北庄出土
现藏河北省博物馆

的，也有用积竹制成的，即用一束较细的竹条，外缠缚以紧固之，然后髹漆，这样做不易折断，且有一定的弹性。

商代早期矛多狭叶，无血槽。商代晚期墓葬中矛出现的次数不如戈，但数量却超过戈，总计近千件。殷墟侯家庄西北岗1004号大墓中曾出土成捆的矛，共731件，其中的360件分成捆，每捆10把，有绳缚扎，矛锋一律向下，都是未装柄的新器。此时的矛形体宽大，有的雕镂精美，下方有双环，用来系璎珞饰品，应是仪仗器。西周早期的矛较为少见，一般可分为长骹窄叶矛和长骹宽叶矛两种形制。春秋中晚期以后矛渐向细长演变，多为狭刃，且有血槽，制作尤为精致，有的矛体和铜柄刻有铭文和纹饰，或镶嵌金银。

殳，战国出现，较少见。形似杖，无锋刃。是用于冲刺的长兵器，古文作“杸”。《说文·殳部》：“以杸殊人也，又兵器。”《释名·释兵》：“殳矛。殳，殊也，长一丈二尺而无刃，有所撞挃于车上，使殊离也。”《周礼·夏官·司戈盾》注：“殳如杖，长寻有四尺。”据上述记载，殳是一种没有锋刃的似杖的长兵器。由于古殳朽烂，保存甚难，因此长期以来不知其具体形制。1978年湖北随县曾侯乙墓出土有七件自铭为“殳”的兵器，柲和附加物保存完整。殳头作三棱形矛，其下连有一粗棘刺形铜箍，间隔35～51厘米有一细棘刺箍，为了解古殳的形制提供了可考依据。这类带有棘刺的铜箍和箍上有三棱形矛的殳，在安徽寿县蔡侯墓、淮南市蔡家岗赵家孤堆和湖北襄阳的战国墓中均有发现，在河南山彪镇和湖南长沙的战国墓中也有出土。

【小辞典·火器】

中国古代火药兵器的简称。北宋初年，出现了用火药制造的火箭、火毬等，原始的火药兵器开始用于装备军队，宣告了冷兵器时代结束，从此中国古代兵器的发展步入了新时代。火器的使用自北宋经南宋、元、明、清，延续约9个世纪。在此期间，随着火药性能的提高和新技术的应用，新的威力更大的火器不断问

图105　北单矛
商晚期
通长20.3厘米　宽5.2厘米
1950年河南安阳殷墟武官村出土
现藏中国国家博物馆

图106　曾侯乙殳
战国早期
连杆长329厘米　殳头长17.7厘米
1978年湖北随县擂鼓墩曾侯乙墓出土
现藏湖北省博物馆

世，如南宋发明的铁火炮、火枪，元代发明的火铳，以及明代仿制的鸟铳等，并在战争中起着越来越大的作用。

44．钺与戚

青铜钺为砍杀的兵器，也作刑具，或作为具有礼仪性质的仪仗器。盛行于商周时期。钺身形似斧，但较一般斧宽且扁。直内，宽体，弧刃，有穿，以直内入于木柄中，然后通过肩部和内部之穿缚系绳于柄上。

夏代的青铜钺，目前仅见于上海博物馆收藏的一件传世品，是镶嵌绿松石的青铜钺。其特有的绿松石装饰图案与二里头遗址出土的一件圆形铜器上的绿松石镶嵌图案完全相同。同时其整体形制上近方体、平刃、刃角不外侈以及无镂铸纹饰等简朴特点，具有明显的早期作风。

出土的商代铜钺较多，有方形和长方形两种形状，器形有大小之分。小型钺一般出土于小型青铜器墓中，墓主人当为下层贵族，小型钺可能是这一阶层武士配备的兵器。大型钺多出土于大型墓中，墓主应是国君或方国首领，也有的是高级贵族。多有镂雕、浮雕类纹饰，非常精美，可见非一般性武器，而是一种带有政治、军事权力象征性质的兵器。目前所见最大型的钺出土于湖北盘龙城商代墓葬中，通长达41厘米。殷墟妇好墓出土的两件铜钺器形也很大，通长39厘米，重量分别为8.5千克和9千克。

西周出现了耳形钺和带銎的钺。春秋战国时代西南等地区又流行靴形钺，颇具地域特色。秦汉以后，铜钺较少见。

戚也是一种砍杀兵器，也作刑具，兼作乐舞道具。夏代出现，具有原始古风，尚保持新石器时代玉戚的造型，在以后的商周时期很少见。形制与钺相同，其身窄长，弧刃，两角略外侈，体中部隆起，刃部增宽，内与体部两侧有阑，内扁平有方穿。

45．剑与铍

剑是随身佩带的短兵器。《释名·释兵》载："剑，检也，所

图107　妇好钺
商晚期
通长39.5厘米　刃宽37.3厘米　重9千克
1976年河南安阳殷墟妇好墓出土
现藏中国国家博物馆

图108　齿纹銎戚
商
长12.5厘米
1961年河北青龙抄道沟村出土
现藏河北省文物研究所

以防检非常也。又，敛也，以其在身时拱敛在臂内也。”说明了剑的用途和佩带位置。典型的青铜剑一般由剑身、剑茎两大部分构成，每个部位各有专名。剑身最前端为“锋”，正中多有凸起之棱称为“脊”，脊的两旁坡下部分称为“从”，左右两从合称为“腊”，从的两边为“刃”，亦称“锷”。剑茎即剑柄，横截面作圆形者称为圆茎剑，圆茎上往往加有两条平行箍；作扁椭圆者称为扁茎剑。剑茎往往缠以蒯緱（即刀剑柄上所缠的丝绳），扁茎在緱里往往还要夹有木片。茎下端的圆形称为“首”，茎与剑身之间的护手为“格”，或称“卫”、“镡”。

青铜剑在夏代和商代早中期还未发现，商代晚期才出现，但尚未流行，少有发现。江西新干大洋洲出土的一件，扁茎，宽体，且愈往前愈宽，锋弧刃，锷薄，面有凸脊，另一面平齐，中微凹，以双阴线勾勒出柳叶形的血槽，器形罕见。河南安阳殷墟发现的曲茎铃首短剑和曲茎兽首短剑，具有北方地区青铜文化的鲜明特点。

西周早期，青铜剑就已流行于西部地区、北部地区和关中地区，特点是剑体愈益增长。例如甘肃灵台白草坡西周早期墓中所出土的带镂空蛇纹鞘的短剑，形制已相当成熟。

春秋战国时期，青铜剑盛极一时。堪称代表的是秦式剑，剑茎部有镂空或半镂空的纹饰，剑格有纹。数量较多的还有一种扁茎长剑，长达1米，是骑兵专用的武器。春秋时期景公大墓随葬的金柄铁剑和玉柄铜剑，把金银宝玉都装饰在佩剑上，可谓极尽华丽。吴越两国的铸剑技术也非常高超，如越王勾践剑主要用锡青铜铸成，含有少量的铝和微量的镍，灰黑色菱形花纹及黑色的剑柄、剑格都含有硫，剑身满饰菱形纹，以蓝色琉璃镶嵌花纹，还有八字错金鸟篆铭文，历经2300多年而保存完好，极为少见。北方地区盛行一种短剑，特点是剑体短小，类似匕首，剑柄上装饰非常丰富，有双轮纹、绳索纹、连环纹、马纹、蛇纹、鸟纹、人面纹及多种几何形图案，称为北方式青铜短剑。汉代时铁剑开始流行，青铜剑逐渐被废除。

铍，状如扁茎剑而茎特阔，以前多误称为剑，是用于冲刺的长兵器。《说文》载：“铍，大铖也。一曰，剑如刀装者。”《方

图109　双马首短剑
战国
长28.5厘米
1965年河北怀来出土
现藏河北省文物研究所

图110　十七年相邦春平侯铍
战国晚期
长33.2厘米　宽3.4厘米
现藏北京故宫博物院

言》载："锬谓之铍。"郭璞注："今江东呼大矛为铍是也。"考古发现有长柲的锋如长剑的兵器，所谓"剑如刀装者"，实际是剑如矛装柄，此即古称之铍。铍在战国时期出现，出土较少。北京故宫博物院收藏的十七年相邦春平侯铍，形似短剑，铍身呈扁平六面体，无中脊，茎呈下宽的长方扁体，靠近茎端有一圆穿，用时可缚长木柄，是这种兵器的代表。

【小辞典·相邦】

先秦官名，简称相，是战国时百官中最高者。春秋时，相本为君主或贵族行礼时的赞礼者，春秋时贵族家中之家宰也称为家相。战国初年，有些国家的卿大夫因掌握大权而渐渐变为有国之君，作为他们亲信的相室便成为邦国之相，相邦由此得名。

46. 青铜农具概述

以青铜铸造的农具，在商代早期已使用，有钁、锸两种。商代中晚期之后，农业及青铜冶铸技术大大发展，青铜农具的种类和数量增加，有钁、锸、锄、铲、耜、镰、犁铧等。春秋战国时期冶铁技术迅速发展，铁质农具逐渐取代了青铜农具。

钁又称镢，俗称"镢头"。《释名》载："钁，大锄（锄）也。"是农业耕作的主要农具，可松土和锄草，也可作木工工具。商代早期出现，春秋战国时普及，河南二里冈商代早期遗址中有出土。体呈长条形，厚体窄刃，平刃或弧刃，刃角不外侈，有单面刃或双面刃者。长宽约为三比一，侧视作等腰三角形，有銎，直柄前曲，纳于銎中。

锸又作臿。《汉书·沟洫志》载："举臿为云，决渠为雨。"注："臿，锹也，所以开渠者也。"《释名·释用器》载："锸，插也，插地起土也。"是农业耕作的主要农具，可开沟渠和做垅，如现今的锹。前端多呈尖刃的扁状器，刃口套在木板前端，木板的后部连着一柄，属于装直柄用的农具。使用时双手握柄，用左脚踩其肩部使之插入土中，再向后扳动，把土层剥离。

图111　连珠纹溜肩铲
商晚期
通长13.2厘米
1989年江西新干大洋洲商墓出土
现藏江西省博物馆

图112　云纹锸
商晚期
长11.5厘米
1989年江西新干大洋洲商墓出土
现藏江西省博物馆

图113　铜镰
商晚期
通长20厘米
1989年江西新干大洋洲商墓出土
现藏江西省博物馆

锄也称耨。《释名》载："锄，助也，去秽助苗长也。"它是挖土农具，可除草、间苗及松碎表土。出现于西周，战国仍沿用。形状如钁、锸，其区别在于钁、锸是直装木柄，而锄是直柄曲端安装于銎内，锄刃口有弧刃、直刃。

铲古称"钱"。《释名》："铲，平削也。"《广雅》载："铲柄长二尺，刃广二寸，以铲地除草。"是农业耕作的主要农具，可铲土、耜苗、除草和松碎表土。形制是从新石器时代的石铲和骨铲发展而来的，在长方形青铜片的一端连铸截口，为方或椭圆的銎，銎内可装柄。铲的形式各时代大致相同。目前发现的商周青铜铲，基本上有两种形式：一是椭圆銎，方肩，宽刃；一是长方銎，斜肩，狭刃。后一种形式一直沿用到战国，甚至西汉的铁铲还延续这种形式。

耜是挖土农具。商代晚期出现，由新石器时代的石、木、骨耜发展而来。青铜耜头安装在厚实的长条形木板前端，木板的肩部连着一段木柄，其后段弯曲而前倾。耜的使用方法是握住柄部，用足将耜头刺入土中，然后按下曲柄，将土翻起来。商代耜头均较长，銎部很深，銎口扁方。西周耜头较短，呈宽扁形，銎部略浅。春秋战国时，耜向两个方向发展：一是耜体加厚加宽，耜刃中部突出，呈等腰三角形，向犁铧的形式发展；一是耜体变薄变宽，向锸的形式发展。

犁铧是耕地用的犁头，由耜发展而来。耜的宽度增加，起脊加厚，成为犁铧。从耜到真正犁铧的转变是逐步完成的，其间有一些过渡性质的类犁铧农具，多为青铜所铸。真正的犁铧都是战国时期的铸铁制品。中原地区战国以前的青铜犁铧很少见，在山东、陕西发现了战国和秦朝青铜犁铧，在云南石寨山和云南江川李家山发现了尖叶形青铜犁铧。犁铧是牛耕技术普及、生产力发展的重要标志，它与牛耕一起，使更大面积地开垦土地和精耕细作成为现实，创造了巨大的生产力，并为个体家庭劳动创造了比较充分的条件，进而推进了整个社会的大变革。

镰是收割农具。从新石器时代的石镰、骨镰发展而来。《说文》载："铚，获禾短镰也。"《小尔雅·广物》载："禾穗谓之颖，截颖谓之铚。"可知铚是专门用于收获禾穗的手镰。可装柄的镰，古代称为艾，文献中又称乂、刈，三字相互通假，都是指镰而言。一般作弯月形，盛行于春秋战国。1960年浙江绍兴发现的青铜镰，刃部带有锯齿。

47．青铜工具概述

青铜铸造的生产工具，数量相当多，大大多于青铜农具的数量。夏代的青铜工具已有锛、凿、锥、钻、刀、鱼钩等，基本都模仿新石器时代晚期石、骨、蚌制工具而制作。商周青铜工具的铸造发展迅速，河南郑州商城遗址发现的两处铸铜作坊遗址，出土大量铸造生产工具的陶范，能看出器形的有䦆、铲、斧、刀、凿、锥等。青铜工具广泛运用于采矿、木工、建筑等行业。春秋战国时期随着铁质工具的普遍使用，青铜工具逐渐消失。

锛可开垦土地或砍伐树木，也是修整木器的工具，或作为仪仗器。始见于商代，春秋战国时期数量激增。形状和斧相近，扁平体，背面微拱，横剖面呈梯形，弧形刃。有长方口的銎，也有作菱形銎口的，銎内置曲形横柄。商代有两种形制，一是实用器，一是仪仗器。仪仗器表面饰有兽面纹、三角形纹或双层蝉纹，制作精致；而实用器则是素面或十字纹。

斧，西周又称镈，镈、斧古音相同。《诗经·周颂·臣工》云："命我众人，庤乃钱镈。"可作砍伐的木工工具，兼作开荒垦殖的农具，也作战场上近距离搏击的兵器。有弧形双面刃，器体多较宽厚，刃宽多大于器宽。有平刃和圆刃两类，前者兼可用于农业，后者为手工业所专用。小型斧是专用于手工业的工具。

凿，《说文》云："凿，所以穿木也。"可凿孔或挖槽，细小的凿常作凿刻甲骨卜辞的专用工具。始于商代，春秋战国较多见。体呈扁平长条形，上宽下窄，横剖面呈梯形或矩形；顶端有直口梯形銎；刃部有尖刃、弧刃、平刃三种；有的表面有"十"字形纹，长度在8～17厘米之间。使用时用锤子等工具锤击凿刻。

刻镂刀是刻划甲骨或雕镂竹木器的工具。青铜刻镂刀一般呈扁长条状。有的上窄下宽平刃或斜刃，有的上下等宽而斜刃。河南汲县山彪镇战国墓出土有较长、较大的青铜刻镂刀，有带孔或雕成动物形状的柄。

48. 青铜车马器概述

车器是指车上的铜质器件和专门作为车辆装饰的铜饰件，主要有軎、辖、轴饰、踵饰、毂饰、衡饰、舆饰等；马器指附着于驾车的马体上的铜制器具，包括装饰马首与马身的铜饰件，主要有衔、镳、軛饰、当卢、节约等。

车軎是套在车轴的两端用以加固轴头的。形状一般呈长筒形，一端粗一端细，粗端套接轴头。车軎都开有长方形的孔，相应于木制轴头上的槽穿，于孔穿中插入长条形的辖，以防车轴脱出。出现于商代晚期，先秦多见，至西汉前期铁制軎出现后衰落。

车轴饰位于车舆和毂之间的轴上，左右各一件，是加固车轴的承轮部分的构件。一端呈椭圆形，一端呈平板，平板用以障泥。出现于商代晚期，西周以后少见。西周常见表面饰兽面纹。

辖即为车轴上的销子，呈长方形，上粗下细，顶上一般有兽头装饰，插入轴末端的方孔内，以防车轮脱落。一般和軎配合使用，也有单独使用的。西周早期出现，流行至西汉前期直到铁制辖出现。商代的辖多为木质，但有首部加铜质套头者。西周时期已有全部为铜制的车辖。河南洛阳出土一件西周跽坐人辖，装饰最为奇特。

完整的毂饰出现在西周早期，两周时期均盛行。它是加固车毂的铜箍圈，使车轮保持直立，避免内外倾斜，具有保护作用，也具有美观装饰作用。一般的只在毂的轵端（小头）加一长筒形箍，有的在轵端和贤端（大头）都加箍。

辕首饰也称軏，西周早期始见。它是装饰在辕头的铜件，其功用为保持车衡，也兼有装饰作用。呈筒形，一头封顶，表面有纹饰。陕西宝鸡茹家庄出土一件，一侧为浮雕兽面，另一侧是一个下体仅穿裤衩、披发文身、双手搂抱兽面的男子，造型别致。

当卢是马面额上的饰件。商代晚期的当卢略呈圆形，背面有横梁钮，面微鼓。西周时期的作“丫”字形，中间有一个圆泡。上

图114　双弦纹斧
西周
长14.6厘米
现藏河北省博物馆

图115　兽面纹锛
商早期
长27.5厘米　刃宽7.5厘米
1978年河南郑州三石佛出土
现藏郑州市博物馆

图116　踞坐人辖
西周早期
高25.5厘米　长10厘米　宽10.3厘米
1966年河南洛阳北窑出土
现藏洛阳市文物工作队

端连铸两个歧角，下端垂一长方形鼻梁，背面有穿带的横钮，有的则呈长条形，上部饰兽面，下部呈钩状。

马冠是系在马额上的装饰品。一般作扇面形，饰大兽面，粗眉圆目，巨鼻大口，形象凶猛。边缘多有穿孔，以便穿系。主要流行于西周前期，已发现的铜马冠大都是西周时期的遗物。

青铜车马器是体现身份等级的重要器物。目前所见商代最高级、配套最齐全的车马器发现于殷墟地区，其余的发现地均属商代的边陲地带。西周早期车马器的发现地点集中于今陕西宝鸡都城宗周、成周的王朝中心地区，以及晋、齐等大诸侯国的都城。车马器的使用和随葬在西周早中期时已成为制度，并且可能比其他早期青铜礼器的使用制度更具规模，等级更加严格。商周时期青铜车马器的广泛使用，是当时青铜工艺应用于生活的重要体现，是古代物质文化与科技水平发展的重要标志之一。

49．秦陵铜车马

1980年陕西临潼秦始皇陵西侧陪葬坑出土了两套铜车马，一前一后排列。经复原，大小约为真车、真人、真马的二分之一，完全仿实物精心制作，对研究先秦时代的单辕车结构系驾法有重要价值。

标号为1号的铜车马是高级军事指挥车模型，车体作双轮单辕式，辕前有衡。车舆呈长方形，前面与左、右两侧为栏板，后栏中部所留空间为车门，舆之正中插一柄圆拱形的铜伞。栏板和伞均彩绘有几何形图案，辖和衡的盖冒等部件多为银质。车内站立一驭官俑，穿长襦，戴鹖帽，腰佩剑，双手执辔，全神贯注，一丝不苟。车前系驾的为一乘马（四匹），饰金银制络头，轭驾在两服马的颈上，两骖马的颈上套有项圈等物。

标号为2号的铜车马是皇帝安车模型。车为单辕二轮，两轴端均套有银质的軎和银质车辖。车舆分前、后两室，后室四周立栏板，在栏板的外折沿上，立有板轓，左、右和前轓上均有镂成菱花形可以开合的窗板，车室后面为车门。盖内侧以及前室的前、左、右栏板上都饰有彩绘纹饰。衡与轭上都有银质套饰。车

图117　人形辖首饰
西周早期
高12.8厘米
1974年陕西宝鸡茹家庄出土
现藏宝鸡市博物馆

图118　兽面纹马冠
西周
高17.8厘米　宽34.5厘米
现藏北京故宫博物院

驾四马，右骖马的额顶正中饰一高约20厘米的铜杆，杆顶上饰缨络。舆前部有跽坐御官俑，戴冠束带，面容丰满，穿右衽交襟袍，双臂执辔，佩剑。铜车马和御俑均施以彩绘的卷曲云纹和各种几何纹。车马上的许多部件为金、银质，增添了车马的豪华气息。

秦陵铜车马的主体为青铜所铸，一些零部件为金银铸造。各个部件分别铸造，然后用嵌铸、焊接、粘接、铆接、子母扣接、纽环扣接、销钉连接等多种工艺，将众多的部件组装为一体。通体彩绘，所用颜料均为用胶调和的矿物颜料，并利用胶不同的浓度塑造出立体线条。通过高超的铸造和装饰工艺，真实地再现了秦始皇帝车驾的风采。

【小辞典·安车】

古代一种通常用一匹马拉的、可以在车厢里坐乘的车子。上古乘车一般都是站立在车厢里，而安车则可以安坐，故名。《礼记·曲礼上》载："大夫七十而致事（退休）……适四方，乘安车。汉郑玄注："安车，坐乘，若今小车也。"安车多用一马，也有用四马的，以表示特殊的礼遇。

50．符节

符，是皇帝或君王传达命令或调动军队的凭证。由左右两半组成，右半存于王或统帅手中，左半发给地方官吏或统兵将领手中。使用时两半相合，称为"合符"，表示命令验证可信。战国兵符多为虎形，世称虎符，一直延续到汉代。

现存年代最早的虎符是陕西出土的杜虎符，年代在秦惠文君时期（前337—前325年）。上有错金铭文九行："甲兵之符，右在君，左在杜。凡兴士被甲，用兵五十人以上，必会君符，乃敢行之。燔燧之事，虽毋会符，行殹（也）。"秦代的阳陵虎符上的错金篆书铭文为："甲兵之符，右才（在）皇帝，左才（在）阳陵。"反映了王权集中，调动军队必用兵符的情况。

节，是古代的水陆通行证件。战国各国之间交通阻断，关卡

图119　秦陵2号铜车马
秦
通长317厘米　高104厘米
1980年陕西临潼秦始皇陵西侧陪葬坑出土
现藏秦始皇兵马俑博物馆

图120　阳陵虎符
秦
长8.9厘米　宽2.1厘米
传山东临城出土
现藏中国国家博物馆

林立。各国采取颁发青铜节的方式，作为水陆通行证件，所至各地驿站或传舍可以供给食宿，或减免征税。1957年安徽寿县出土的鄂君启节，是楚王发给湖北鄂城封君、大富商“启”的通行证件，有效期是一年。节的铭文对商人贸易的商品种类、通行范围进行了严格的控制，还规定水路运输船只不得超过150条，陆路运输车辆不得超过50辆。在节规定范围内的商品，还可凭节享受免税。

51．印玺

印玺是官私书信往来和相互交往的凭证。《释名》云：“玺，徙也，封物使可传徙而不可发也。印，信也，所以封物为信验也。亦言因也，封物相因付也。”不同时期、不同阶层对印有不同的称呼。秦以前统称为“玺”，秦统一六国，皇帝的印专称“玺”，官、私所用均改称“印”。汉代除皇帝外，太后、皇后和诸侯王的印皆可称“玺”，一般人的印称“章”或“印信”。唐以后，皇帝所用印或称“宝”，官、私所用印有“记”、“朱记”、“关防”、“图章”和“花押”等名称。

制作印玺的材料多种多样。古代多用铜、银、金、玉、琉璃等制作印章，后有牙、骨、水晶等，元以后石章盛行。其中铜印玺多有钮，可以系绶佩带，自南北朝开始官印增大，才不能随身佩带。印钮种类很多，如鼻钮、瓦钮、桥钮、坛钮、台钮、环钮、柱钮、蛇钮、龟钮、兽钮、驼钮、羊钮、马钮等。战国时期的玺多为鼻钮，秦汉时出现瓦钮、桥钮、龟钮、蛇钮、驼钮等。

战国时期印玺印文皆用古文，分朱文（阳文）和白文（阴文）两种，朱文皆为铸造而成，白文有铸有凿。秦印均用秦篆，多白文凿款，有田字格或日字格，圆印也有日字格或边框。汉初少数官印沿袭秦制，分田字格或日字格。两汉官印皆白文篆书，私印有缪篆和鸟虫书。魏晋时有所谓悬针篆书，即直笔之末端尖细如针。南北朝之后用朱文，书体为小篆。宋代用屈曲篆书，金元明清屈曲更甚，俗称九叠篆。

图121 “会平市玺”铜玺
战国·齐
高1.2厘米 边长3.2厘米
1962年河北唐山出土
现藏中国国家博物馆

图122 “契丹节度使印”铜印
唐
高4.3厘米 长6.5厘米 宽6厘米
1972年河北隆化出土
现藏隆化县文物管理所

【小辞典 · 鸟虫书】

又称鸟篆文。春秋中期以后，在长江流域楚、吴、越等国的青铜器上流行，追求图案的艺术效果。笔画仿自鸟形者最常见，称为“鸟书”；笔画仿自龙、兽形者，称为“虫书”。此类铭文藻饰华丽，多用错金银工艺，施于礼器或兵器上。因字体难以辨识，无法通行。

52. 铜镜

铜镜，也称“照子”、“铜鉴”，是一种照容用具。呈圆形、方形、菱花形、葵花形等，正面磨砺光洁，以供照容，背面有钮可以穿系，装饰花纹丰富，是铜镜艺术性的主要表现。

铜镜始见于距今4000多年前的新石器时代齐家文化。商代殷墟时期极少，镜面较小，背部多光素，或仅饰直线纹，钮作浅桥形。春秋时期数量也不多，目前出土的不超过10枚。

战国时期铜镜兴盛，数量大增，尤其是楚国铜镜制造业发达。此时铜镜的制作特点是：多圆形，少方形，圆形镜多为素卷缘，方形镜有较宽的边沿；形制轻巧，镜较轻薄，厚度在0.1～0.8厘米之间，直径一般在10～20厘米之间；镜钮多为细小的弓形钮，钮上常有几道弦纹，钮的周缘常有圆形或方形钮座。钮制较特殊的一例是北京故宫博物院珍藏的一件背钮为蛙形的战国镜，世所罕见。它不铸铭文，除素面外，有单层或双层花纹，花纹样式极其丰富多彩。战国早期主要为素面，中期纹饰主要有龙纹、四山纹、蟠螭纹、菱形纹、四叶纹和兽纹等，晚期纹饰主要有素面、龙凤纹、弦纹、四山纹、四叶纹、兽纹、连弧纹、几何纹、狩猎纹、五山纹、六山纹等。

汉代铜镜也十分发达。西汉初至武帝前，部分铜镜造型与花纹仍袭战国式，镜体较薄，桥形弦纹，小钮者居多。此外也有若干时代特征，如弓形弦纹小钮已发展成半球形钮，星云纹镜的钮常呈峰峦式，出现了柿蒂形钮座；镜的边缘宽而平，镜

图123　六山纹镜
战国晚期
直径23.2厘米　边厚0.6厘米
现藏中国国家博物馆

图124　伍子胥画像镜
东汉
直径20.7厘米　重980克
现藏上海博物馆

身也普遍厚重。镜背纹饰有蟠螭纹、六山纹、草叶纹和星云纹等，镜背上开始出现铭文，其内容多为三字或四字一句的吉祥语，常铸在方钮座、圆钮座上或其外围。武帝时期至西汉末，钮多呈半球形，钮座外常饰连弧纹，镜背常饰乳钉、草叶纹、蟠虺纹等。铜镜上出现更多铭文，铭文内容有吉语和自夸镜质等，依铭文中出现的“日光”、“昭明”等字，可称为日光镜、昭明镜。此外，还盛行一种透光镜，当日光或灯光照射镜面时，与镜面相对的墙上能映出镜背纹饰的影像，十分神奇。西汉末王莽时期至东汉初，除继续沿袭日光镜、昭明镜和四乳四螭纹镜外，新出现了具有“T”、“L”、“V”符号的规矩纹四神镜和鸟兽纹镜。镜背铭文常与神仙方术思想有关，而且大约从王莽时代开始，铜镜上开始有纪年。东汉中期以后，铜镜才真正具有了本时代特征，镜面从平板式变成微凸式，钮普遍加大，钮边上的柿蒂纹更加扩大了，很像蝙蝠状。并出现了浮雕式的神兽镜和画像镜，神兽镜多为神仙与多种灵兽；画像镜多为人物故事，如伍子胥、吴王、越王、范蠡等人的画像，也有东王公、西王母等神人画像镜。有纪年的铜镜也进一步增多。

魏晋南北朝时期的铜镜承袭东汉。形制仍作圆形，镜钮一般为高凸起的圆钮，圆形钮座，钮边的四瓣柿蒂形叶有的一直伸向镜边缘，镜背纹饰主要有神兽、画像、双兽、鸾凤、夔凤、龙戏、变形四叶纹、连弧纹等，神兽多为高浮雕式，画像题材多取自一些闻名的历史故事，如伍子胥、越王、范蠡、西王母、东王公、车马神人等。铭文和纪年常见，还出现了较多匠师的名字。

隋唐时代的铜镜铸造尤盛，制作水平大大提高。铜镜普遍厚重，洁白光亮，锡、铅的成分增加。形状除圆形和少数方形的外，新出现了葵花形、菱花形、亚字形、方形圆角，以及带柄手镜等。钮的形制除圆形外还有龟形。镜背纹饰也相当丰富多彩，画面内容一改两汉以来拘谨、呆板的构图形式，呈现出多样化，且与铜镜形状相配合，常常把人们的现实生活与神话传说、历史人物故事，以及对美好生活的向往和追求紧密联系在一起。主要题材有花蝶、葡萄、海兽、团花、鸟兽、雀绕花枝、双鸾、对鸟、云龙、月宫仙人、人物故事、打马球、狩猎、万字、八卦，以及采

图125　嵌螺钿花鸟人物镜
唐
径23.9厘米　边厚0.5厘米
1955年河南洛阳涧西出土
现藏中国国家博物馆

图126　湖州石十郎镜
宋
长9.6厘米　宽7.5厘米
现藏河北省博物馆

用金银平脱、螺钿等特种工艺方法组成的多种花纹图案。需要指明的是，在唐代的众多铜镜中，也有少数带有宗教色彩，但不是主流。

宋代铜镜有一定的创新。形制除保留传统的圆形、方形、方形圆角、亚字形、菱花形、葵花形外，新发展的有钟形、桃形、盾形等。为了实用，还大量发展了带柄手镜。镜背纹饰最常见的是缠枝花草牡丹纹，其外形主要呈菱形、葵花形，也有圆形和亚字形的，其他种类的纹饰主要有双鱼纹、双凤纹、双龙纹、海水行舟纹、八卦十二生肖纹、人物故事纹、蹴鞠纹，有的铜镜还以钱纹为饰。这时流行的素面铜镜还常铸有制镜作坊的标记，所见最多的是湖州石家，镜铭内容的写法有一二十种之多。

辽代铜镜形制主要有圆形、亚字形、葵花形以及八角形。纹饰主要有双鱼纹、八卦纹、童子戏花纹、荷花纹、连钱纹和牡丹龟背纹。也有吉祥语句，不仅有汉语，还有契丹文。

金代铜镜较多地融合了汉镜特点。多宽边缘或卷缘，圆形钮，花纹有精致的，也有粗糙的。形制主要有圆形、圆形带柄、菱花形、葵瓣形、八角形和扇形，其中八角形铜镜多带辽金特点。纹饰有双鱼纹、双龙纹、菊花纹、莲花纹、兽纹、人物故事纹等，其中，人物故事题材很丰富，如柳毅传书、吴牛喘月、巢父樊竖，另外还有童子戏花等。多有刻记铭文，一般多刻记铜镜铸造地点、官署名、监造职官名和人名押记，反映了官方禁铜政策对铜镜铸造业的控制。

【小辞典】

金银平脱

古代著名的漆工艺技法。做法是将金、银等金属薄片刻成各种人物、鸟兽、花卉等纹样镶嵌在漆器上。因表面经过加工磨制，使器物表面依旧平齐，故名。尤流行于盛唐时期。

螺钿

著名的漆器镶嵌工艺手法。其材料是贝壳。将其磨成平滑的薄片后，截割成人物、鸟兽、花草或各种几何图形等，嵌装在雕

图127　双鲤镜

金

直径43厘米　重12.4千克

1964年黑龙江阿城南阳屯出土

现藏阿城文物管理所

镂的器物或漆器上。这种装饰工艺起源很早，在北京琉璃河西周燕国墓出土的漆器中就有螺钿镶嵌漆罍。

53. 带钩

带钩，古称鲜卑、师比头，是束腰皮带一端的挂钩，用于扣绊革带。基本形制是下端有钉柱钉于皮带的一头，上端曲首作钩，用以钩挂皮带的另一头，中间有钩体，侧视呈S形。按其形状有鸭形、棒形、竹节形、琴面形和兽形等。以前一般认为带钩是从公元前307年赵武灵王胡服骑射开始的，但从近年考古发现的实物资料看，早在史前时期的良渚文化时期，已经出现玉制的带钩。

铜制的带钩从春秋时代开始出现。20世纪50年代出土于洛阳中州路西工段2205号春秋中期墓的长7.4厘米的水禽形铜带钩，当是迄今所见中国境内出土的年代最早的铜带钩。春秋中期至战国初年的铜带钩以小型为主，以作水禽形与兽面形者最为盛行，耜形带钩也占一定数量。

大约战国中期以后直至战国末，带钩的制作与使用达到鼎盛，不仅春秋中期以来的水禽形带钩与耜形带钩继续得以保留，新兴的琵琶形带钩也空前盛行，凡出土带钩的地点都能见到它的踪影。此外，曲棒形带钩与长牌形带钩也出现并得到了发展。汉代带钩仍在使用，造型多样，而且多采用镶嵌、错金银、鎏金等装饰工艺。

带钩虽小，但作为衣冠的重要组成部分，在重视衣冠礼仪制度的古代社会，在一定意义上反映着佩用者的身份，因而在选择带钩的质地乃至装饰技法方面，古人无不竭尽所能，以求别开生面。例如，1954年四川昭化宝轮院巴蜀船棺葬出土的镶嵌犀牛带钩，做成犀牛形，通体用金银镶嵌云纹和杏叶纹，精美异常。

【小辞典 · 船棺葬】

古代墓葬形式之一。一般以独木舟形的棺木为葬具。分布在中国及东南亚的泰国、菲律宾、越南、马来西亚、印度尼西亚等

图128　镶嵌犀牛带钩
战国晚期
高6.5厘米　通长17.5厘米
1954年四川昭化宝轮院巴蜀船棺葬出土
现藏中国国家博物馆

地。中国的船棺葬主要分布在四川省境内的巴县、昭化、成都、新都、郫县等地，是战国至西汉前期古代巴蜀民族所实行的一种葬俗。

54．熏炉

熏炉是一种焚香料的用器。两汉时期，随着丝绸之路的开通和中外交流的发展，国外香料被大量输入，因而国内盛行用燃香熏居室和衣衾的习俗，此外，香料还可用来祭祀列祖列宗和朝拜神仙菩萨。

汉晋时期熏炉器具广为流行。造型古朴典雅，多种多样，而且多带盖、盘，或盖上镂孔，或炉体置孔，特别是铸造上都非常讲究，有的甚至外表鎏金或错金银，显得华丽高雅。较常见的造型有竹节形长柄炉、短柄龙座炉、鸭形炉、盖豆形熏炉及博山炉等。

博山炉，有的俗称“万峰炉”。炉体呈半球形，上有镂空的山形盖，以便香烟缭绕。山上雕有人物和龙、虎、猿等动物。圆盘形底座，中有圆柱与炉体相接。有的博山炉底座为力士骑龙，力士用一手作托举博山炉状，整体生动有力。《西京杂记》中记载，西汉成帝时的工匠丁缓可以造“九层博山炉”，被当时人誉为美谈。河北满城汉墓出土的博山炉，通体鎏金，遍饰流畅的云气纹，制作精美细致，极为富丽，是汉代博山炉的代表作。

55．灯

灯是一种照明用器。最早为陶灯，商周时已有发现。目前发现的铜灯最早的为战国中期器物，秦汉、魏晋时更为盛行。

战国灯具式样很多，可归纳为三类。一为高座灯，形似豆。上有浅盘，用以插烛或盛灯油，中间有执柄，以便执掌，下面是灯座，以便稳放。二为行灯，是夜间行路使用的灯具。浅圆灯盘，直口平底，盘下三矮足，盘侧有执柄，一般有铭文自称“行灯”或

图129　错金博山炉

西汉

高26厘米　腹径15.5厘米　圈足径9.7厘米

1968年河北满城中山靖王刘胜墓出土

现藏河北省博物馆

“行烛灯”。三为艺术造型灯具，工艺考究，造型多样，大多为王公贵族使用。例如人擎灯、象形灯、羊形灯、鸟形灯、鼎形灯、树形灯等。如河北平山中山王墓出土的十五连盏灯，形如茂盛的大树，主干竖立在由三只独头双身猛虎托起的镂空夔龙纹圆形灯座上，树干四周伸出七节树枝，枝上有15盏灯盘，高低有序，错落有致。每节树枝均可以拆卸。树枝上装饰着游动的夔龙、鸣叫的小鸟和一群顽皮戏耍的小猴，树下两个家奴正向树上抛撒食物戏逗群猴，显得妙趣横生。

汉时的铜灯用途广泛，名称各异，诸如称“烛豆”、“烛盘”、“烛定”、“钉”、“镫”、“锭”等。吕静《韵集》载：“无足曰灯，有足曰锭。”其造型多种多样，设计巧妙，结构合理，有人形灯、扶桑树形灯、豆形灯、辘轳形灯、兽面形灯和动物形灯等。动物形灯中又有龙形、凤鸟形、牛形、羊形、雁鹤形、雁凫形、鱼形、雁鱼形等多种，真可谓异彩纷呈。需要指出的是，做成人形或兽形的一些灯，人体或兽体内部是空心的，在器物的工艺结构上设置了导烟设施，将灯烟导入腹内，这样可以保持室内清洁，体现了实用、美观和科学的统一。例如河北满城汉墓出土的长信宫灯，形作一跪坐执灯的宫女形象，宫女体内中空，烛火的烟炱可通过宫女右臂进入体内，使烟焰附于体腔以保持室内空气洁净。宫女的头和右臂可以拆卸，这也有利于消除烟尘。灯盘、灯罩都能转动，可调节灯光的亮度和照射角度。

56．度量衡

度，是关于长短的量，即指长度，主要有尺；量，是关于多少的量，即指容量；衡，是关于轻重的量，即指重量，主要有衡、权。春秋战国时期是度量衡制度从建立到逐步健全的时期，也是度量衡从各自为政到逐步统一的时期。这一时期诸侯割据，各霸一方，度量衡的标准大都在一个国度中使用，相当混乱，直至秦朝统一中国后，秦始皇诏令统一度量衡，这种混乱情况才得以改变。

古代的尺多用竹木或骨料制作，所以保存下来的很少。目前

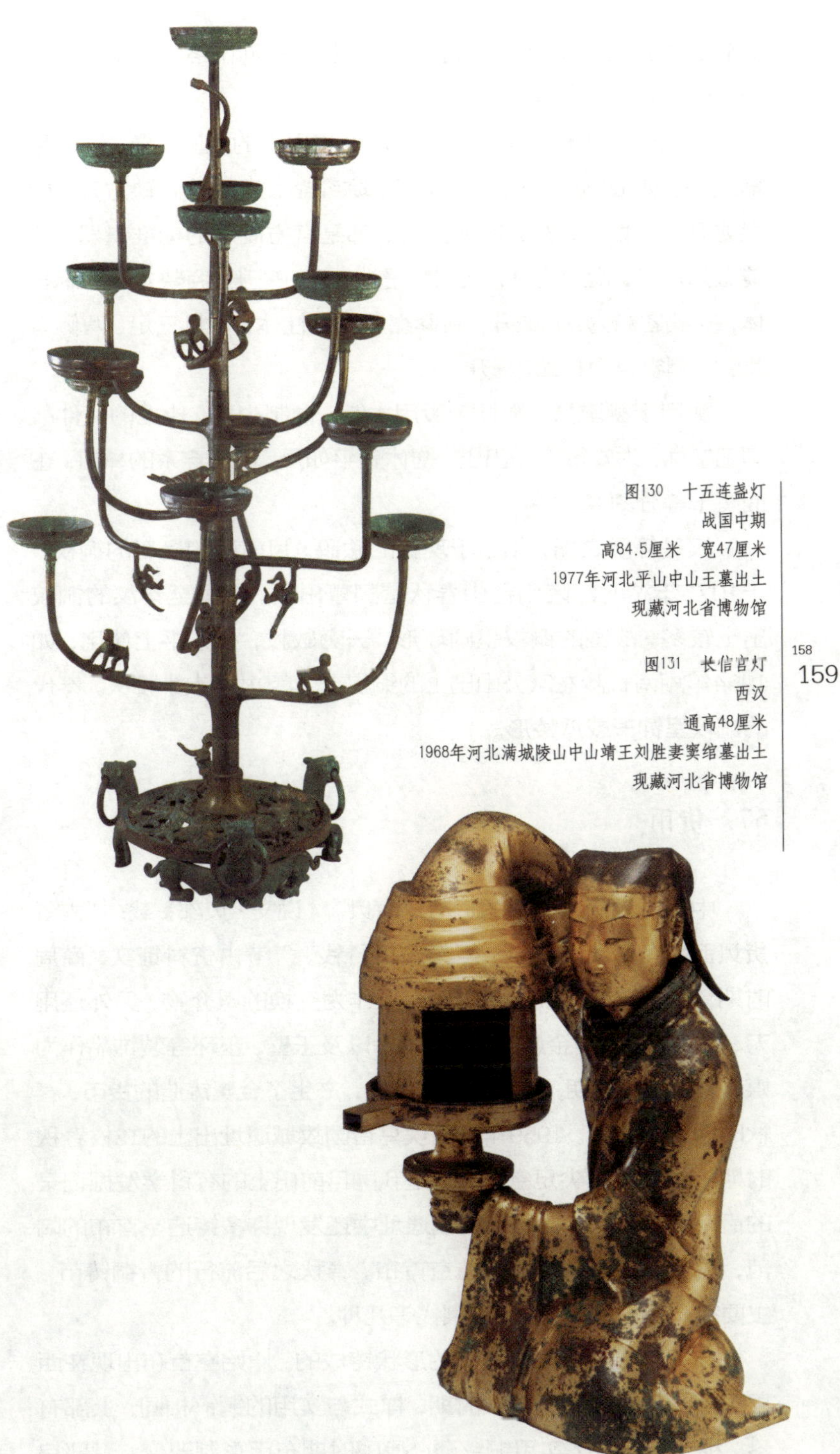

图130　十五连盏灯
战国中期
高84.5厘米　宽47厘米
1977年河北平山中山王墓出土
现藏河北省博物馆

图131　长信宫灯
西汉
通高48厘米
1968年河北满城陵山中山靖王刘胜妻窦绾墓出土
现藏河北省博物馆

见到的青铜尺多是汉代的，例如湖南长沙和河南洛阳出土的青铜尺，1尺约合今23.1厘米。

铜量最早出现在战国时期，传世和出土的战国、秦、汉铜量器较多，如战国齐国的子禾子釜、陈纯釜，秦国的商鞅方升、始皇方升、始皇斗，新莽的嘉量等，都是官方制定的标准量器。陈纯釜为坛形，两边有耳，实测容量为20580毫升；商鞅方升为扁长体，实测容量为202毫升；新莽嘉量为圆柱体，下具三足，两侧有耳，实测容量为19300毫升。

衡用于测重量。衡杆一般用木制，铜制少见，传世的两件战国王字衡，为安徽寿县出土，衡体扁平如尺，中有穿系的鼻钮，正面有十等分刻度。

权是等重之器，相当于现在的砝码。目前已知最早的铜权，于1975年湖北江陵雨台山春秋楚国墓出土。战国至秦汉的铜权出土较多。战国的铜权呈圆环形，一套数枚，在天平上使用，如1954年湖南长沙左家公山出土的铜权，一套9枚，大小相次。秦代的铜权呈钟形或瓜棱形。

57. 货币

中国古代使用最早的货币是海贝。《说文·贝部》载："古者货贝而宝龟，周而有泉。至秦废贝行钱。"考古资料证实，商周时期，人们在贸易中主要使用海贝作为交换的媒介物，另外还用刀、削、铲、耒等金属工具、农具，以及玉璧、玉环等装饰品作为媒介物。西周时期，由于贸易的发展，产生了金属铸造的货币，春秋时期大量铸造。1959年山西侯马晋国故城遗址出土的12枚春秋时期的大型耸肩尖足空首布，是我国目前出土的有科学发掘记录的最早的青铜铸币。侯马铸铜遗址中还发现许多铸造空首布的陶范，说明当时已经大量铸造空首布。春秋之后流行的青铜铸币，主要有布币、刀币、贝钱和圜钱等几种。

布币是仿照青铜农具铲的形状铸成的。原始空首布出现在西周时期，大量铸造于春秋时期，样式与实用的铜铲相同，上部有銎，称空首，但比实用铜铲薄。战国时期布币形制改变，銎部扁

图132　陈纯釜
战国中期
高39厘米　口径23厘米　底径18厘米　容量20580毫升
清咸丰七年（1857年）山东胶县灵山卫出土
现藏上海博物馆

图133　环形铜权
战国
直径1.4～4.7厘米　总重211.9克
1951年安徽寿县采集出土
现藏安徽博物院

平成一体，形式有方足、尖足、圆足等。一般铸有地名和货币标值。主要在三晋通行。

刀币是仿刀削铸造的。由刀首、刀身、刀柄、刀环几部分组成。刀首是划分刀币类型的主要依据，按形状可分为针首刀、尖首刀、截首刀、圆首刀和平首刀。按刀背可分为磬折刀和弧背刀。目前所见刀币都是战国时期的，主要流通于齐国以及燕国和赵国的一部分区域。齐国是使用刀币的主要国家。刀币上铸国名或城邑名，主要有“齐造邦长法化”、“即墨之法化”、“齐法化”和“齐明刀”等。燕国刀币较小，均铸有“明”字，故称“明刀”。赵国刀币出现较晚，大约在战国晚期，以形体较小且圆首的直刀为主。刀身多铸地名，有“甘丹”、“柏人”、“圁阳”等。如现藏中国国家博物馆的赵国圁阳新化小直刀。刀币因其形制粗拙，不便携带，其主导地位最终为圆形的圜钱所代替。

青铜贝币俗称“鬼脸钱”、“蚁鼻钱”，形制仿自穿孔的海贝。鼻形，背面平凸，阴刻有蚁形符号，多含义不明。铸造时间始于春秋时期，止于战国晚期秦灭楚之前。流行于战国时期的楚国，湖北、湖南、江苏、安徽、山东、河南、陕西等省均有发现。多数学者认为蚁鼻钱是铜贝的高级形态，也有学者认为此钱源于龟币。

圜钱的形制仿自圆形玉璧，中有圆孔或方孔，便于携带，亦便于计数，且不易折损。其一面铸地名或币值。产生于战国中期，主要是秦国使用，三晋也有铸造，战国末年齐国、燕国也相继铸造。秦始皇统一六国后以圆形方孔的半两钱作为法定货币。西汉早期，铜钱曾几度减重，直到汉武帝时才确立了法定铜钱重五铢的制度。五铢钱制在王莽篡汉期间被短暂废除，此后一直沿用到隋末唐初。唐高祖时期开始铸行“开元通宝”钱，从此铸币不再以重量命名。明朝中期以后，铜钱逐渐改为黄铜铸币，从此结束了青铜铸币的历史。

【小辞典 · 玉璧】

《尔雅 · 释器》载：“肉倍好谓之璧，好倍肉谓之瑗，肉

图134 “南行唐”三孔布
战国·赵
通高5.7厘米 足宽2.8厘米 重7.2厘米
现藏中国国家博物馆

图135 “应运元宝”铜钱
北宋
直径2.4厘米 重3克
现藏上海博物馆

好若一谓之环。” “肉”是玉由内廓至外廓的长度，“好”是指中间的穿孔，当“肉”的尺寸倍于“好”，就称为璧。古代的玉璧，用途很复杂，可作祭天、祭神等的祭器，也作为礼天及区分贵族身份的礼器，又可作为佩饰和随葬器。

四 青铜器纹饰篇

青铜器上的装饰图案非常丰富，主要有兽面纹、龙纹、凤鸟纹、动物纹、几何纹、人物画像纹等。不同时期的青铜器纹饰种类不同，即使是相同的纹饰，在不同历史时期也有变化，因此是青铜器断代的重要依据之一。从艺术的角度审视，青铜器纹饰是青铜艺术的主要组成部分，在古代各个不同的历史时期有着不同的艺术特点和风格。青铜器纹饰汇集了工艺、雕刻和绘画的表现方法与技巧，具有高度的艺术价值，是研究中国古代美术不可缺少的珍贵材料。

1．几何纹

几何纹是最早出现的纹饰。在原始社会的彩陶上早已出现，夏代时的青铜器上就已出现简单的几何形纹饰。到商代早期，特别是二里冈上层时期几何形纹饰非常多见，但一般作为兽面纹、龙纹等的陪衬或地纹使用。在二里冈下层时期，如弦纹、乳钉纹和方格纹等在青铜器上多是作为主纹出现，但以后更多的是作为兽面纹的陪衬使用。春秋战国之际，几何纹常作为主体纹饰出现。

几何纹是由几何形的图案组成的有规律的纹饰，是为了体现形式上的变化和结构上的美感。大致有联珠纹、弦纹、直条纹、横条纹、斜条纹、乳钉纹、云雷纹、百乳雷纹、曲折雷纹、钩连雷纹、三角雷纹、菱形雷纹、绹纹、网纹、波曲纹等。

联珠纹，旧称圈带纹，以空心的小圆圈作带状排列。在二里头文化时期的爵和斝的腹部，已有实体的圈带纹，作单行或双行排列，周围以弦纹作界栏。商代早中期的圈带纹为空心的小圆圈，也有在空心小圆圈内还有一个点的，已作主纹，但大多在兽面纹、龙纹、云雷纹的上下栏作为次要的界栏性质的纹饰。圈带纹的制作，是用一个管状器在陶范上印制的，因此圈与圈间距的疏密、横行排列的齐整都不很严格，却很自然。

乳钉纹盛行于商周时期。圆圈内实心作乳突状，多横向或纵向排列成带状。常见在铜斝腹部施以一两排乳钉纹作为主体纹饰，也有的在方鼎的四壁两侧和下部施以成排的乳钉纹。置于斜

图136　青铜器局部纹饰

图137　乳钉三耳簋
商晚期
高19.1厘米　口径30.5厘米
现藏北京故宫博物院

方格中的乳钉，以雷纹作地纹的，称为“百乳雷纹”、“乳钉雷纹”、“斜方格乳钉纹”。殷商时期乳钉突出较高，周初有呈柱状形的。

绹纹也称绳纹，盛行于春秋战国之际。绹，就是绞，也就是绞结的绳。呈两股绞结的绳索形式，每股由两条、三条、四条甚至九条单线绞结而成。大多作为边缘装饰，三晋器上施此类纹饰的较多。

云雷纹是青铜器上最基本的几何图案，大量出现在殷墟早期。构图应源于对水的旋涡形流转的模拟。一般将圆转的回旋线条构成的称为云纹或卷云纹，将方折角的回旋线条构成的称为雷纹。事实上两者的区分并不很严格，有的半圆半方，有的圆、方兼用。所以，现在多将两者统称为云雷纹。商代早期，青铜器上的云雷纹已开始流行，已有用连续带状云雷纹作为主纹出现的。商代早期，商代中期兽面纹的主体就有用大量的云雷纹构成的。商代晚期和西周早期的兽面纹、龙纹、鸟纹的空隙处，常填以云雷纹，并且云雷纹低于主纹，起到陪衬作用。春秋战国之际，在粗犷的兽面纹、龙纹的体躯上，也有各种云雷纹变形图案。自战国开始，云雷纹发展成为线条活泼的流云纹。

波曲纹旧称环带纹，是比较特殊的一种几何纹。整体如带状的波浪，但在波曲的中腰常有一兽目或近似兽头形的突出物，波峰的中间常填以两头龙纹、鸟纹、鳞片或其他简单的线条，为西周中晚期至春秋早期青铜器上的主要纹饰之一。

【小辞典 · 主纹】

即在器物明显位置及被地纹所衬托的主体纹饰。主纹与地纹相结合，以显现纹饰的立体层次。商代青铜器的主纹以兽面纹为主。西周时期，鸟纹逐渐成为装饰主纹。西周中晚期以后，环带纹、鳞纹、窃曲纹等取代了以动物为主体的纹饰。春秋中期以后则以几何化的上下交错的兽带纹为主。

图138　云雷纹斝
商晚期
通高20厘米　口径15厘米
1973年江西清江吴城正塘山出土
现藏江西省博物馆

图139　大克鼎
西周晚期
高93.1厘米　口径75.6厘米
清光绪十六年（1890年）陕西扶风法门寺出土
现藏上海博物馆

2. 兽面纹

兽面纹，旧称饕餮纹。起源于新石器时代晚期的玉器或陶器图案，商周时期成为青铜器的主体纹饰，尤其在商代晚期至西周早期，兽面纹最为发达。

兽面纹是表现各种动物或幻想中物象的头部正视的图案。特点是以鼻梁为中线，两侧作对称排列，上端第一道是角，角下有目（形象比较具体的兽面纹在目上还有眉），目的两侧有的有耳，多数有曲张的爪，两侧有左右展开的躯体或兽尾，少数形式简略的没有兽的体部或尾部。

兽面纹的种类颇多，依据兽面角、尾、头、身等部位的不同，可分为羊角型兽面纹、双龙角型兽面纹、牛角型兽面纹、内卷角型兽面纹、外卷角型兽面纹、环柱角型兽面纹、曲折角型兽面纹、长颈鹿角型兽面纹、独立兽面纹、歧尾兽面纹、连体兽面纹、虎头型兽面纹、熊头型兽面纹、分解兽面纹等。

夏代青铜器最早出现的兽面纹，是镶嵌绿松石牌饰的装饰，为双圆目或梭形目，由卷云纹构成抽象的双角和弧顶冠。青铜容器上还没有出现兽面纹。

商代早期青铜器上的兽面纹已经相当盛行，最简单的仅有一对双目，而将其他各部分都省略。一般的由横条或直条的复线或单线末端呈勾曲形的条纹构成，并歧出简单的回纹。角不发达，也不大具体。象征性的体躯尾端上下弯曲分开，如果兽面两侧配置有鸟纹，则兽的两尾是上卷的。线条有粗犷和纤细两类，有时一件器上两个图案各用不同的线条。小器的纹饰很单调，大器的纹饰显得复杂一些。

商代中期的兽面纹比早期精细，突出双目，有的比例相当大。很少用粗线条，一般用大量回曲形的雷纹和并列的羽状纹构成纹饰的其余部分，组成抽象的图案。兽面的主干和地纹区别不明显。

商代晚期的兽面纹扩大了角的部位，角型丰富，有羊角、牛角、双龙角、内卷角、外卷角、曲折角、鹿角等多种，成为区别各

图140　镶嵌绿松石兽面纹铜牌饰
夏
长14.2厘米　宽9.8厘米
1984年河南偃师二里头遗址出土
现藏中国社会科学院考古研究所

图141　兽面纹卣
商晚期
通高47.5厘米　口径11.8厘米
1956年湖南石门出土
现藏湖南省博物馆

类兽面纹的主要标志。兽目相对缩小，兽的脸颊和两腮额顶、兽腿、爪、体躯和其余的地纹采用了平雕和浮雕相结合的手法，形象具体。有一种兽面纹，只保留一些角、目、鼻、耳、爪等彼此不相连的线条，多数没有地纹，有的只表现一对兽目，其余部分皆由细密而有规则的雷纹组成。还有一种兽面纹，只剩下象征性的大兽目，但其余条纹仍表现得相当精细。

西周早期的兽面纹与商代晚期的形象结构相似。西周中期以后，兽面纹开始退化，出现变形的兽面纹，不辨角型，也没有明确的兽体。目纹有的很小，鼻准线退化，兽耳和爪都不作具体描绘。西周中期之后，兽面纹逐渐衰落。

值得一提的是，商代大中型青铜器的兽面纹两侧往往配置鸟纹或小龙纹，从商代早期到西周早期都有，西周康王以后这种情况就大大减少了。

【名家点金】

商周青铜器上的兽面纹，有的有棱脊，这是对陶范拼接处留下的不整齐、不匀称的地方加以装饰的结果。在棱脊的两侧各有齿状横线条，因为范有细小的错位，所以棱脊上也可以看到错位，这种情形在对称兽面纹两侧常可以看到。而后刻的兽面纹两侧比较对称，左右是翻版，棱脊的范线很规整，反而显得不自然。

——青铜器鉴定家　马承源

3．龙纹

龙是传说中虚构想象的动物，有人认为龙是多种鸟兽虫鱼的混合体。早在新石器时代，仰韶文化遗址墓葬中已出现龙的形象。龙纹作为青铜器纹饰最早见于商代早期，而且商代至战国青铜器上都有不同形式的龙纹出现。商代早期龙纹形象不大具体，商代中期的龙虎尊肩上的龙已很形象。西周龙纹多为数条龙盘绕状，或头在中间，分出两尾。

图142　兽面纹方座簋
西周中期
通高31厘米　口径25厘米
1981年陕西宝鸡西关纸坊头村出土
现藏宝鸡市博物馆

图143　透雕龙纹钺
商晚期
通长17厘米
1964年陕西城固五廊庙出土
现藏城固县文化馆

在青铜器纹饰中，凡是蜿蜒形体躯的动物都可归之于龙类。因此龙纹的图案结构多样，大体可以分为爬行龙纹、长冠龙纹、卷体龙纹、纠结龙纹、双体龙纹、两头龙纹等。

爬行龙纹是龙的侧面形象，作爬行状，通常龙头张口向下，上唇上卷，下唇下卷或向口里卷，额顶有不同的角型，角型大部分与兽面纹相同。中间为躯干，下有一足或作爪形，也有无足的，尾部常弯曲上卷，大多作对称排列。盛行于商代中晚期到西周早期。

长冠龙纹是爬行龙纹中出现的新形式。龙纹头上的角被取消而代之以凤的长冠，但头部还是兽头，而不是禽鸟的头。体躯较长，中间有一足或作鳍形，尾部分开向上下卷曲。这种兽类的体躯也有类似部分鸟形的，应是图案变形。初见于西周早期，盛行于西周中期。

卷体龙纹体躯呈卷曲形，有两种形式。一种为蟠龙，龙头居中，体躯作圜形盘转成圆形。这种龙纹大多施于盘的中心，是单个卷体龙，也称蟠龙纹，盛行于商末周初。另一种龙的形象为上部作直立形，下半部卷曲似盘坐状，盛行于商代晚期到西周中期。

纠结龙纹呈现龙体部交缠的形象。基本结构是交龙的形象，一上一下，下者升上，下者下覆，两体纠结。在青铜器上以“X”和“∞”形结构为基础而变化出各种非常复杂的交龙形象。有两龙相交，也有群龙纠结，发展成为极其繁复的形式。体躯比较粗壮的，旧称蟠螭纹；经变形缩小的，称蟠蛇纹。盛行于春秋战国之际。

双体龙纹，旧称双尾龙纹。以龙首为中心，躯体向两侧展开，实际是龙的正视展开图。这种纹样常常装饰在器颈部的狭长范围内而呈带状，大多饰于方彝或方鼎口沿上。盛行于商代晚期到西周中期。

两头龙纹，旧称两头兽纹。单个弯曲兽体的两端各有一个龙形或兽形头，表现为一体两头。体躯大多呈一条斜线或曲折形线条。两头有不相同的，或一个是正面一个是侧面。这类纹饰有多种变化式样，简单的独体两头龙纹大多见于西周中晚期，缠绕式的两头龙纹则盛行于春秋中晚期。

图144　蟠龙纹方壶
西周晚期
通高70厘米　口长23.5厘米　口宽19厘米
1968年河南新郑端湾出土
现藏河南博物院

4. 凤鸟纹

凤鸟纹包括凤纹和各种鸟类的图案。凤，在古代传说中为群鸟之首、百鸟之王，是吉祥之鸟。最早的鸟纹发现于新石器时代，当时的玉器上已多见鸟纹。青铜器上的凤鸟纹最早见于商代早期，常放置在纹饰中次要的陪衬地位。商末周初至西周中期，在青铜器纹饰中，凤鸟纹才大量出现，并占据主要位置。尤其是西周早期到穆王、恭王时期，凤鸟纹最盛，因此有人称这一时期为凤纹时代。

青铜器上的凤纹，呈现羽毛丰丽的鸟形，具有华丽的冠，体躯和尾部也有很多变化。按照凤冠的不同，大致有多齿冠凤纹、长冠凤纹和花冠凤纹三种形式。多齿冠凤纹的冠作多齿状，宽尾下垂，装饰华丽，在凤纹中较为少见，商末周初比较盛行。长冠凤纹的头部有一条逶迤的长冠垂于颈后，长的可达背部，尖端作向上状或向下垂。这类凤纹体躯很多是卷曲的，并有长尾或尾部下垂。长冠凤纹盛行于商代晚期和西周早期，一直延续到西周晚期。花冠凤纹的头部作花冠状，有作长羽飘举状的，也有垂于胸前的，有时花冠可垂至足部，然后再向上卷，尽量发挥它的装饰作用。花冠凤纹盛行于西周时期。

鸟纹中绝大部分的鸟喙是闭合的弯钩形，个别为张开的。鸟的体躯大多只是一个禽体的外形，没有羽翅，有时因图案结构的需要作长条卷尾，类似鸟首龙体。有些鸟纹和凤纹很难区分。

鸟纹都有角或毛角，角型大致有弯角、长颈鹿角和尖角。弯角鸟纹的后脑有一弯角，角根较宽，向下弯曲，角尖向上。它盛行于商末周初。长颈鹿角鸟纹的头上横置长颈鹿角，与兽面纹中的长颈鹿角相同，但作横向安置，盛行于商代晚期和西周早期。尖角鸟纹的角根粗大，上端尖锐如尖耳状，盛行于商末周初。

鸟的尾部变化较多，有长尾、垂尾和分尾等形式。长尾鸟纹的尾部是整个体躯的三倍，长尾的尾端有上卷和下卷的不同。垂尾鸟纹的尾部较宽而作下垂状，在凤纹中比较常见。分尾鸟纹因构图变化，尾部与体躯分离，分尾的尾端有上卷和下卷的不同。

图145　䀇簋
西周早期
通高21厘米　口径22厘米　腹深12.5厘米　重5千克
1975年陕西扶风庄白家村出土
现藏扶风县博物馆

图146　凤纹尊
春秋中期
高34厘米　口径41厘米
1976年江苏丹阳司徒村出土
现藏镇江博物馆

5．动物纹

青铜器上的动物纹非常丰富，包括虎纹、象纹、鹿纹、兔纹、蜗身兽纹、蛇纹、龟纹、鱼纹、蝉纹等。

虎纹在青铜器上初见于商代中期，流行时间较长，一直到战国时代。往往以活跃中的立体造型出现，表现出猛虎的贪婪、凶暴和虎虎生气，是最具有震慑力的、渲染残忍暴力的装饰。一说此类纹饰有避邪的含义。如虎食人头纹是常见的画面。安徽阜南出土的龙虎尊，肩部有一虎，虎口中咬一怪人。著名的后母戊鼎的耳部装饰有对称的两虎，作卷尾状，张口瞠目，正在争相吞噬一人头。更有虎食人卣，器物的整个形象为猛虎踞蹲状，前爪攫一似人非人的怪物。虎纹中还有一种侧面的形象，如上村岭虢国墓地所出的虎纹镜，两虎作圆形，首尾相接。

象纹盛行于商代晚期到西周早期。图案特征明显，头部有一个向下或向上的长鼻，鼻下有嘴，有巨大的体躯和足。在青铜乐器钲、铙上，象纹一般作为边缘纹饰，体积很小。西周康王时的邢侯簋，腹部饰对称的象纹。北京琉璃河出土的乙公簋，腹部饰对称的大象纹，足部也饰立体象，非常逼真而生动。此外，西周早期的青铜器还以象作为足部的造型，例如妊簋，两耳作象鼻形，四足为大象足。同时期的臣辰尊器身饰象纹，象身上已加有羽翅，趋于神化。象纹除作为纹饰外，还有以整个象的形式作为青铜器造像的，如象尊。

商代晚期和西周早期的青铜器上，饰牛角的兽面纹较多，在尊的肩部常常装饰牛头，卣的提梁上也往往用牛头作为装饰性环扣，鼎足的上部用牛首作为装饰的也较多。整体牛纹较为少见，还有一种两首一身的牛纹更为罕见。以立体的牛作为酒器的尊在山西浑源、陕西兴平等地都出土过，形象逼真。

鹿纹通行于西周前期，春秋战国时期也见有少量鹿纹。一般构成多为两鹿相对、回首，作跪伏状。有的有角，有的无角。殷墟出土的鹿方鼎，腹部饰鹿角兽面纹，分歧角很突出。江西新干大洋洲出土的立鹿耳兽面纹四足甗的耳上有立体的回首鹿纹，十分

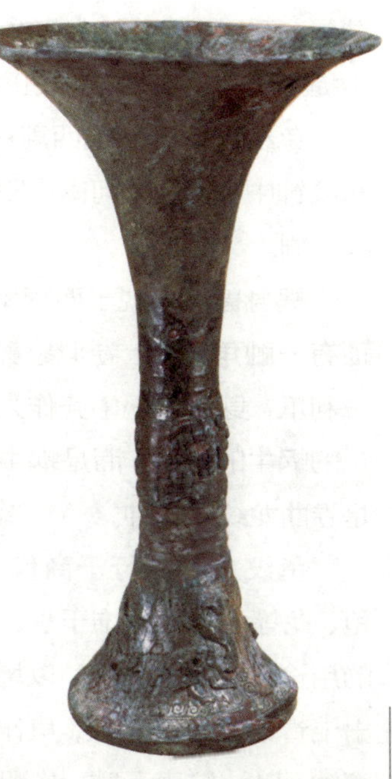

图147　象纹觚
商晚期
高26.4厘米　口径15.4厘米　重920千克
现藏北京故宫博物院

图148　立鹿耳兽面纹甗
商晚期
通高105厘米　口径61.2厘米
1989年江西新干大洋洲商墓出土
现藏江西省博物馆

精彩。西周早中期之际的貉子卣有鹿纹，鹿头回顾作卧状。铭文中提到赠鹿之事，与鹿纹正相应。纹施于卣、簋的口部或底部。

兔纹通行于商或西周初期。长尾短耳，形象写实。它在青铜器纹饰中很少见。河南洛阳北瑶出土的西周兔纹觯，颈部饰有兔纹一周。

蜗身兽纹出现于西周早期且仅存于西周早期。头作龙形，头顶有一触角，唇上卷似象鼻，口内有上下交错的大獠牙，头下有一利爪，身负大蜗牛壳作为躯干。它具有蜗牛的特点，但不是真正的蜗牛的形象，而是蜗牛的变形。有学者认为蜗身兽纹实际上是卷曲龙纹的一种。

鱼纹主要流行于商代，通常饰于盘内。盘用于盛水，鱼与龟、龙等水生物同饰于盘，说明当时人的设计已经考虑到了器物的用途和纹饰的统一，以增强其艺术效果。殷墟早期的232号墓出土青铜盘上的鱼纹，鱼作侧视形，脊上用短斜线表示脊鳍，无腹鳍，以波纹表示鳞，构图简要。除了盘以外，大多数的鱼纹还饰于枓柄上，如殷墟小屯所出土的枓，江西新干大洋洲出土的卷云鱼纹匕，匕内底饰鱼纹，体现出南方青铜器上鱼纹的特点。

龟纹主要流行于商代。龟在古代被认为是一种神物，其甲壳早就被用来进行占卜，充作人与神或上天的沟通工具。青铜器上的龟纹并不完全写实，只是整体形象作龟形，其背往往装饰其他纹饰而不作龟背甲形。常饰于水器盘的内底，与鱼等水生动物组合，也饰于盘的外底，如殷墟晚期的执盘外底就有龟纹。

在古代神话中龙蛇同属，蛇是创造龙这种幻想灵物的基本模式。青铜器上的蛇纹往往作三角形的头部，一对突出的大圆眼，体有鳞节，呈方折弯曲的长条形，蛇的特征很明显。作为附饰，它往往被缩得很小，也有人认为是蚕纹。个别为主纹，见于商代青铜器上。商末周初的蛇纹，大多是单个排列，春秋战国时代的蛇纹大多很细小，作盘旋交连状。西周何尊的颈部饰有典型的蛇纹带。

蝉纹流行于殷代和西周的早中期。蝉以居高食露、清洁淡雅之态，成为古今文人笔下常见的主题。商代即用玉石或绿松石雕成的蝉作为饰品，周代及汉代皆有蝉形玉，即所谓玉琀。青铜器

图149　蝉纹鼎
春秋
高27厘米　口径24厘米
1974年安徽六安孙家岗思古潭出土
现藏安徽博物院

纹饰中的蝉纹大多有两只大目，体躯作长三角形，上部作圆角，腹部有条纹。常组成带状，饰于鼎或盘及其他器物上作主纹。蝉纹可分为有足与无足两种。无足蝉纹多以垂叶三角纹为外框，蝉外围填以云雷纹，附于兽面纹之下，构成纹饰带，多饰于鼎的腹部，这种蝉纹也称三角蝉纹；有足蝉纹多为长形，蝉外围也填以云雷纹。

6．人物画像纹

人物画像纹是用写实的手法描绘出当时贵族的社会生活和勇猛作战的场面。这类纹饰在青铜器上出现得较晚，已经初步摆脱了规律化的对称图案，而是采用流畅的线条，结合绘画和雕刻手法，描绘出各种动景，如弋射、宴饮、采桑、狩猎等活动，还有徒兵搏斗、攻城、水战等战争场面。这些用绘画形式表现的画像，是以后绘画艺术的先声。

弋射画像纹表现数人张弓向天，以矢射鸟，有的鸟被射中而坠落。画像中矢上皆系有线。射鸟为弋，是田猎的一种，文献中或以田弋并称。常装饰于壶、鉴、豆上，通行于春秋后期和战国时代，具有浓厚的时代特点。汉代画像砖上也有表现这一内容的。

宴射画像纹表现与会的贵族们在弯弓拉矢，射向布侯（箭靶）的情景，侯上或有箭中的，有侍者立于一旁。古代射礼是六艺之一，是贵族必须掌握的技艺。宴饮与弋射画像常联系在一起，与《仪礼·乡射礼》的描述有相似之处。常见装饰于战国器上。

宴饮歌舞画像纹常见装饰于战国器上。图画中心有台、室等建筑，宾主飨饮酬酢，仆佣奉酒献豆，或有列鼎陈设。堂前或堂左有鼓钟、击磬、击鼓、奏琴和歌舞等场面。这表现了贵族的宴礼，记录了当时奴隶主贵族钟鸣鼎食的骄奢的生活情景。

采桑画像纹表现人数不等的妇女在桑树上采桑叶，桑篮挂于桑枝上，树下有一人相接。采桑者细腰长裙，应是贵族妇女。《礼记·月令》载：“季春之日……后妃齐戒，亲东乡躬桑。”此种画像纹当是“躬桑”的表现。它流行于春秋战国时期。北京故宫博物院珍藏的宴乐渔猎水陆攻战纹壶第一层刻画有采桑图，最

图150　镶嵌宴乐攻战纹壶
战国早期
通高40.3厘米　口径13.2厘米　腹径26.5厘米
1965年四川成都百花潭出土
现藏四川博物院

图151　竞渡纹鼓
西汉
高36.8厘米　面径56.4厘米　重30.75千克
1976年广西贵县罗泊湾出土
现藏广西壮族自治区博物馆

图152　狩猎纹镜
唐
直径14.9厘米
1955年陕西西安出土
现藏陕西历史博物馆

为典型。

攻战画像纹有的画面由两三百人物组成，形象生动，场面恢弘，气氛激烈。有的张弓欲射，有的爬梯跃进，有的急摇战舟，有的相互攻杀，金鼓齐鸣，旗帜飘扬，剑戟林立，矢石横飞，真实生动地表现了惊心动魄的水陆攻战的战斗场面。一般施于壶与鉴上。

狩猎画像纹盛行于春秋后期和战国时期。常表现猎者手持弓箭或矛等武器，围捕牛、羊、犀、象等禽兽。有的人与兽拼死搏斗，有的走兽已中箭欲倒，也有的狩猎与弋射合为一图，表现走兽追逐，情节紧张，气氛激烈。古代狩猎用军队，是练兵项目之一，因此装饰狩猎画像有崇尚勇武之意，与古代大蒐礼有一定关系。一般多施于壶、鉴上作装饰。这种纹饰具有鲜明的时代特征，在汉代的画像砖和唐代的铜镜上也常见到。

竞渡画像纹在石寨山型的铜鼓上较常见。船的首尾装饰成鸟头、鸟尾形象，船身窄长，船头、船尾高翘。船上人物头戴羽冠，腰系吊幅，有的上下身裸露，有的执羽杖指挥，有的划桨，有的掌梢，有的舞蹈，一般都各有固定的位置和行动的程式。他们前后坐成一行，动作协调一致，并具有强烈的节奏感。船下有鱼，表示船行在水中。绘有写实船纹的铜鼓，多为汉代遗物。

【小辞典 · 田猎】

古代军礼的一种，与祭祀和军事训练有关。天子、诸侯遇农隙无事，行围射猎，既是娱乐和体育活动，也借此演习军事，因而受到历代重视。商代田猎频繁，卜辞中多有记载。西周时形成制度，天子六军，诸侯国三军、二军或一军，每年进行田猎。春称搜，夏称苗，秋称弥，冬称狩。

五　青铜器铭文篇

青铜器铭文最早出现于商代早期，与甲骨文并称为中国最早的文字。迄今所知商周至秦汉有铭文的青铜器约6000件，有3000多个单字，形声字比甲骨文多，结构比甲骨文简单，是研究文字学和训诂学的珍贵资料。青铜器铭文的内容包括先秦社会的方方面面，保存了古代的大量史料，是古人的真实手迹，与古籍相比，真实性、可靠性更强，因此可以补充和印证古史，是研究古史的珍贵资料。青铜器铭文是汉字发展演变的一个重要发展阶段，是中国书法艺术的源头之一，也是中国古代书法艺术的杰出代表，因此对书法艺术的研究具有重要意义。

1. 铭文发展史

古代称铜为金，因而青铜器铭文称为金文。又因历代青铜器以钟、鼎为重器，将之视为礼器的代表，制作数量多，且西周至秦汉的钟、鼎多有铭文，所以青铜器铭文又称钟鼎文。

青铜器铭文的字体主要为篆书，多铸刻在青铜器的内底、盖内。金文的铸作是先把文字书写在软坯上制成文字范，然后将文字范嵌进器物的内范中，再整体浇注。春秋中晚期的秦国和越国出现了新的铭文范铸方法——块模单植法。铭文字范均由印模单个打制范铸而成，然后再逐个拼镶进整范内浇注。这一制作方法十分新颖，开创了早期活字模范之先河。铭文主要是铸造出来的，但也有用锋利的刀具刻制出来的。刻文一般纤细挺拔，线条刚直，最早见于西周晚期的晋侯苏钟。随着铁器的广泛使用，春秋战国时期的刻铭较为普遍，特别是到了战国中晚期，金文以刻铭为主。在金文的铸作和刻制过程中，虽对原来书写的笔画和笔势略有减损，但因商周时期青铜器铸造技术的高超，仍能保留墨书的基本笔意。

金文在商代早期已开始出现，但极为罕见。商代中晚期，金文逐步增多，但文字均较短，最短者仅一两个字，最长者也不超过50字。内容大多较为简单，主要为所有者的族名、祭祀对象、作器者名、用途等，但已经具备结构、章法和用笔这三个构成书法艺术的要素。金文多铸在器物的鋬阴及外底等隐蔽处。

图153 青铜器铭文

西周是铭文发展的鼎盛期，铸铭青铜器大量出现，留存于世的铭文数量十分可观，数十字以上的铭文约千件，最长者达四五百字，铸于器物的腹部、肩部等显著位置。铭文内容颇为广泛，多与王室事务相关，涉及分封、赏赐、册命、征伐、法律诉讼、土地转让等多方面，具有书史的作用。书体均为大篆，风格多样，就整体而言典雅、庄重，在中国古代书法艺术史上占有最辉煌的一页。

春秋时期青铜器铭文表现出随意性，铭文内容多为夸耀祖先、联谊婚媾等。错金铭文的出现，增加了文字的华贵优美感。战国时期青铜器铭文内容书史的作用淡化，刻铸工艺不如西周，但错金铭文工艺大发展，书体多变，鸟虫书等艺术字体具有浓郁的地方特色和丰富多样的风格。

秦汉铁器兴起，青铜器减少，铸刻铭文的青铜器衰落。但书体从大篆向小篆过渡、隶书臻于成熟的演变过程在铭文上得到了印证。秦汉以后，青铜器使用范围缩小，铭文主要反映在青铜印玺与钱币上。

【名家点金】

商周青铜器铭文的铸造，是另做一块铭文范，嵌入主体范中。由于范土的铭文是阳线条，因此铭文范上阳文在刻完后，乘湿嵌入主体范中，字口厚度要避免与外范接触而需修正，可能要微作按捺，与主体范修正，这样阳字的上口就大，而铸成的铭文往往有字口小底部大的感觉。这必须经过精细的观察才能发现。

——青铜器鉴定家　马承源

2．风格多样的书体

书体，即文字的书写形态。汉字书体主要有篆书、隶书、楷书、行书、草书五种。篆书包括大篆、小篆。大篆流行于商代至秦始皇统一中国之前，长达2000年之久。青铜器是中国古代文字的重要载体，铭文以商周为主，故大篆是青铜器铭文的主要书

图154　㺇方鼎
西周中期
通高27.5厘米　口长26厘米　口宽17厘米　腹深15.5厘米　重6.5千克
1975年陕西扶风庄白家村出土
现藏扶风县博物馆

图155　宋公戈
春秋晚期
通长22.3厘米　胡长9.7厘米
传1936年安徽寿县出土
现藏中国国家博物馆

图156　中山王方壶
战国中期
高63厘米　口径15厘米
1977年河北平山中山王墓出土
现藏河北省博物馆

体。铭文大篆多为圆笔，突出流动的曲线美，使文字与青铜器的造型、装饰浑然一体，是文字书体中自觉追求艺术形式之美的开端。各时代、各地区又具有不同的书体艺术风格。铭文书体被视为汉字书法的初步形成阶段。

商代金文书体的特点为笔画首尾出锋，中间较为肥厚，笔道雄劲遒美，行气疏密有致，结体严谨，情势凝重，各篇都有自己的风韵。总体有三种风格：一种是形象性强、有图画意味的铭文，如大多数族徽或人名；一种是笔势雄健，形体丰腴，笔画的起止多显锋芒，间用肥笔，以后母戊鼎铭文为典型代表；一种是运笔有力，形体瘦筋，笔画多挺直，不露或少露锋芒，肥笔甚少，书体显得遒美挺拔，以戍嗣子鼎铭文为典型代表。商代晚期较长的邲其四祀卣铭文行气雄劲，体势凝重，行款疏密有致，是商代铭文书体的经典之作，得到了周人的继承和发扬。商代铭文已具备用笔、结体、章法等书法艺术必备的三大要素，证实书法初步形成。

西周铭文具有早、中、晚三期不同的时代风貌。西周早期铭文开始注意线条的粗细变化，注重书写的行气和章法，行款也渐趋齐整，呈现出瑰异凝重、雄奇恣放和质朴平实等风格。瑰异凝重的，结体使用肥笔，起止不露锋芒，字体大小因势而施，以何尊铭文和大盂鼎铭文为典型代表。雄奇恣放的，行气比较自由，有的则书写随意，打破通常严谨的书法之道束缚，波磔现象突出，以保卣铭文、召卣铭文为典型代表。质朴平实的，结体不用肥笔，不露或少露锋芒，以利簋铭文最富代表性。

西周中期，铭文书写向便捷方向发展，形体结构和运笔情势表现出舒展、柔润和质朴的风格。笔画少波磔，粗细划一，字形有较大的简化和线条化。书体风格可以分为五类：第一类最流行，笔画均匀而圆润，形体极为工整，以静簋铭文为典型代表。第二类运笔显得疏松，依稀有肥笔现象，以㦰方鼎铭文为典型代表。第三类字迹端正、质朴，笔画均匀而遒健，虽然行款疏密不同，但笔势相似，以卫盉铭文、大克鼎铭文为典型代表。第四类笔势纯熟圆润，形体遒丽，行款纵疏横密得当，史墙盘铭文、永盂铭文等是此类中的卓越者。第五类字迹草率散漫，行款疏放，

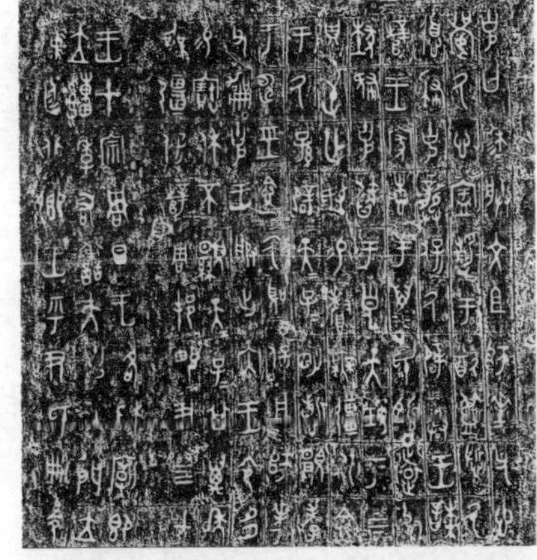

图157　邲其四祀卣铭文

图158　大克鼎铭文

图159　虢季子白盘铭文

表现了书体风格转变过程中的现象，以十五年趞曹鼎铭文为典型代表。

西周晚期铭文字体趋于规范，融入早、中期的风格，具有奇异堂皇、雄劲恣肆、圆润优美等特点，创造出笔法端严奇丽、结构完美和谐、行款疏朗宏伟的新风格，将金文艺术推向顶峰。书体可分为三类：第一类字迹优美，书写便捷，笔道圆润，结构和谐，是大篆最成熟的形态，以毛公鼎铭文最为著称，可视为周王室使用的标准书体。第二类书法刚劲，笔势匀称，纵横成行，有意求工，风格新颖，以虢季子白盘铭文为代表。第三类继承西周中期第五类书体风格发展而来，间架松散，书写草率，以“此簋”铭文为代表。

春秋时期青铜器铭文较简短，书体风格多变，各国“文字异形”，呈现出多姿多彩的局面。大体上有几种不同的类型：第一类凝重瘦筋，字体略呈方正，运笔多变化，以秦公簋的铭文为典型代表。第二类质朴细长，铭文结体不拘陈规，笔道清新秀丽，别有风韵，以黝镈铭文为典型代表。第三类华丽圆润，以栾书缶为典型代表。第四类字体长方工整，偏于修长，纵横成行，笔法挺健，以蔡侯盘为典型代表。此时的书体风格还有地域差别，黄河流域诸国多属传统字体；长江流域的楚、吴、越、蔡等国流行字体修长的美术字，追求图案效果，如鸟书、虫书；晋国流行的蝌蚪文，也是具有图案效果的代表性书体。

战国时期，青铜器铭文的书体大体与春秋晚期相似，出现了更为俊秀奇异、飘逸轻柔、绚丽烂漫的风格。特别是错金铭文的发展和铁器刻铭的出现，使这种风格越发突出，与西周时期雄劲瑰异、浑厚壮美的风格有了很大差异，以鄂君启节错金铭文、曾侯乙编钟错金铭文等为典型代表。铁器的推广和广泛应用，使青铜器出现镌刻铭文。刻铭笔画均匀、劲健，是金文书法的又一大特色。

秦代铭文的书体在经历了秦始皇统一六国文字、颁行小篆后，有了较大的演变和发展。小篆讲究法度，书体较大篆规整，形体偏长，结构匀称，笔画瘦筋，转折处多呈方正，笔道圆润典雅，舒展俊逸，以阳陵虎符错金铭文为典型代表。也有一些铭文

图160　栾书缶
春秋中期
通高40.5厘米　口径16.5厘米
传河南辉县出土
现藏中国国家博物馆

图161　鄂君启节
战国中期
长11～29.6厘米　宽7.1～7.3厘米
1957年、1960年安徽寿县出土
现分藏于安徽博物院和中国国家博物馆

图162　秦始皇·秦二世双诏版
秦
长13.4厘米　宽11.5厘米
现藏中国国家博物馆

虽不属标准小篆，但其结构用笔仍是小篆意味，以秦诏版铭文为典型代表。

汉代铭文书体以篆书为主，纵横成行，形体疏朗，笔画纤瘦，横画上弧，竖笔垂长，方折工细，上紧下松，以新莽嘉量铭文为典型代表。由大篆改为小篆的流行，隶书的发展，草书的成熟，楷书的萌芽等，在汉代铭文中都得到了印证。

【小辞典 · 小篆】

秦朝统一中国后，秦始皇实行文字统一，采纳李斯的建议，废除六国文字，以小篆为标准字体，在全国推行，故称“秦篆”。秦朝青铜器铭文也为小篆。其特点是构字简化，象形、会意文字减少，异体字减少，是古文字的一大进步。书体讲究法度和规范化，形体更加偏长，结构均匀，笔画瘦筋，转折处圆润，但颇显刻板。

3. 铭文记载的历史

青铜器铭文出现之初，字数很少，多是具有图形性质的族徽，保留着象形或会意等较为原始的因素。商代晚期青铜器铭文字数仍很少，但内容增加，主要为徽记铭文，记载所有者的族名、作器者名以及用途等。另有一些关于赏赐和祭典的内容，如商代晚期的戍嗣子鼎记载商王赏戍嗣子贝二十朋，商代晚期的邲其四祀卣铭文记载了邲其随商王祭祀祖先帝乙的史实，是青铜器最早的祭祖铭文之一。

西周时期铭文字数大增，内容广泛，涉及社会生活的诸多方面，以祭祀、征伐、赏赐、册命、土地转让、法律诉讼等为主。祭祀铭文如西周早期的大盂鼎铭文，记载了盂为祭祖南公而作鼎，同时期的德方鼎铭文记载周成王亲自主持祭祀大典。征伐铭文如西周早期的利簋记载了武王伐商时的牧野之战，西周中期的班簋记载了周穆王命毛公伐东国之事，西周晚期的禹鼎记载了禹受命征伐鄂侯驭方的史实。赏赐铭文如西周早期的大盂鼎记载了周康

图163　戍嗣子鼎铭文

图164　班簋铭文

图165　颂鼎铭文

王赏赐盂车、马、酒、衣及1700多名奴隶；西周晚期大克鼎记载了周王赏赐克礼服、土地、奴隶和一批乐官，其中所赐土地范围相当广阔。西周册命铭文有规范化的格式，主要由时间、地点、受册命者、册命辞、称扬辞、作器、祝愿辞等部分组成，西周晚期的册命还有赏赐的内容。西周晚期颂鼎铭文长达151字，是内容最多、格式最完备的册命铭文之一。土地转让铭文以西周中期格伯簋为典型代表，铭文记载倗生转让土地的全部法律过程；卫盉铭文记载了西周恭王时矩伯用田三百亩向裘卫换取玉璋、玉饰和礼服的史实，是研究西周奴隶制社会土地制度变化的重要史料。法律诉讼铭文如西周早期的师旂鼎铭文，记载了师旂管辖的士兵因不服从周王征伐方国而受到判决和惩罚；西周晚期的𠑇匜铭文是一篇诉讼判决词，是研究奴隶制社会法律制度的珍贵史料。

春秋战国青铜器多属诸侯、卿大夫之器，铭文内容多为夸耀祖先、联谊婚媾等，书史作用淡化。联谊婚媾铭文多见于媵器上，文体格式简单，一般由时间、某人为某人作媵器及祝愿辞三部分组成。如费敏父鼎铭文记费敏父为其女婚嫁作媵器，费嫁女于郳，为典型的联谊婚媾铭文。

秦汉青铜器多属官营和私营产品，铭文常记器主名以及制造时间、地点、各级工序、工匠、监造官吏等，有的还有器物的置放地点、容量和重量等，反映了青铜器从商周礼器向商品化器具的演变。

六　青铜器历史篇

公元前2100年左右，中国的青铜时代真正开始，此后历经夏、商、西周、春秋、战国诸时代。公元前5世纪前后，中国进入铁器时代，青铜时代结束，整个青铜时代大约持续了1600余年。在整个漫长的青铜时代中，中国青铜器的发展经历了从初步发展到鼎盛辉煌，至急遽变化，然后转为再度繁荣，最后逐渐衰落的过程。这个发展过程的承接关系，不能以单纯的朝代更替来划分。进入铁器时代后，青铜器仍有所现，或为日用器，或为仿古之作，闪耀余辉。

1. 夏代青铜器

夏是中国历史上第一个奴隶制国家。迄今发现的夏人的活动范围是在河南西部和山西南部一带等，以伊水、洛水地区为中心的河南偃师二里头文化是其代表。

二里头遗址是夏代政治中心，出土的青铜器有工具、兵器和装饰品，还有具有宗教礼制性质的容器和乐器。二里头遗址和洛阳东干沟遗址中还出土有炼渣、熔铜坩锅碎片和陶范残片等，特别是二里头遗址发掘出的铸铜遗址竟达多处。这些都表明中国的冶铜和铸造技术，经过新石器时代中晚期铜石并用时代较长期的孕育、萌生之后，到夏代已趋于成熟，并初创规模。

夏代青铜铸造的产品大体可分为容器（礼器）、乐器、装饰品、兵器、工具五大类，种类已较齐全。青铜容器主要有酒器爵、角、斝、盉和食器鼎等。青铜乐器中仅发现一种铜铃。装饰品有镶嵌绿松石的圆形铜器和铜牌饰两种。镶嵌绿松石铜牌饰多出土于墓主人的胸前，应是佩挂于胸前的具有神圣意义的装饰品。河南偃师二里头遗址出土的传世品共有10余件。多呈长方形，有圆角，或中间稍束腰，上下各有两个对称穿孔钮。正面均有绿松石片镶嵌兽面纹，工艺精湛，堪称夏代青铜器的杰出代表。青铜兵器有戚、戈、钺和镞等。青铜工具主要有锛、凿、锥、钻、刀、匕、鱼钩等，基本都模仿新石器时代晚期石、骨、蚌制工具而制作。

夏代青铜器中，容器多为酒器，食器很少见，表明饮酒的

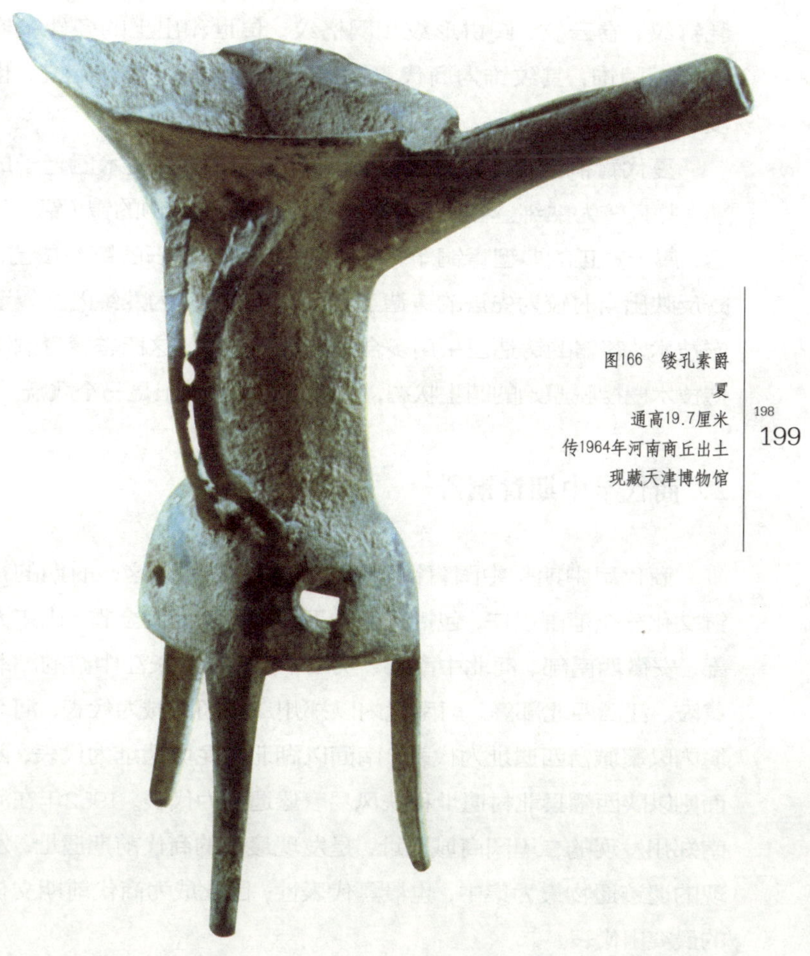

图166　镂孔素爵
夏
通高19.7厘米
传1964年河南商丘出土
现藏天津博物馆

仪式在礼仪中占据突出地位，中国青铜礼器体制的雏形始于此。其造型受陶器的影响，尤其爵、斝、盉等明显仿效陶器，少数具有创造性的设计，式样新颖。胎质都很薄，铸作都比较粗糙。多无花纹，有花纹的也都很简单，为单线兽面纹，没有地纹，到夏代晚期少数器物才显得比较精细，出现简单的弦纹、乳钉纹、卷云纹、圆饼形纹和网格纹。传世和出土的多件镶嵌绿松石牌饰，其纹饰为商代青铜器纹饰的滥觞。没有铭文，也没有族徽记号。

夏代青铜铸造工业已发展到一定规模，工艺技术已趋于成熟，并且较为熟练。容器和工具中都含有不等比例的锡（铅）元素，属于真正的典型青铜器。它最早使用了绿松石的镶嵌技艺，既反映出当时较为先进的铸造工艺，又反映出较为熟练的金属镶嵌技术。容器的铸造已采用多合范的范模技术，这标志着青铜铸造技术已摆脱原始的萌生状态，在铸造工艺技术上是一个飞跃。

2. 商代早中期青铜器

商代早中期是中国青铜器初步发展的时期。这一时期的青铜文化分布范围很广，包括黄河中下游地区的河南全省、山东大部、安徽西南部、河北中南部、陕西中部，以及长江中游的湖北黄陂、江西西北部等。河南境内以郑州二里冈商城为代表，河北境内以藁城台西遗址为代表，南面以湖北盘龙城遗址为代表，西面则以陕西耀县北村遗址和扶风易家堡遗址为代表。1952年在河南郑州发现的二里冈商城遗址，是发现最早的商代前期遗址，发现的遗迹遗物最为集中，也最具代表性，因此成为商代前期文化的最突出代表。

这一时期的青铜器较二里头夏王朝时有很大发展，生产工具、兵器和容器等方面的器类都迅速增加，相当丰富。青铜酒器数量大增，种类增多，除夏代已经出现的爵、斝、盉外，新品种有尊、罍、卣等，以酒器为中心的青铜礼器组合全面建立。食器有方鼎、圆鼎、扁足鼎、鬲、簋和甗，水器有盘，兵器数量很大，有戈、矛、镞、钺、斧等，农具有䦆和臿，工具有斧、凿、斨、刀

图167　镶嵌绿松石圆形铜片

夏

直径17厘米

1975年河南偃师二里头遗址出土

现藏中国社会科学院考古研究所

图168　雷纹扁足鼎

商早期

通高31.7厘米　口径19厘米

1982年河南郑州出土

现藏河南省文物考古研究所

等，种类之丰富，是二里头时期所不能比拟的。

这一时期的青铜器普遍有纹饰，和夏代的器物多数不施纹饰形成了对比。纹样种类骤增，有各种形式的兽面纹，云雷纹、弦纹、乳钉纹、冏纹等多种几何纹，以及鱼纹、龟纹、虎纹、蛇纹等，其中最多、最核心的主体纹饰是诡秘怪谲的兽面纹。兽面纹多作对称或横向连续排列，线条可简可繁，设计者可以自由发挥想象力，总体呈现粗犷刚健之风。这一时期的青铜器装饰，整体而言呈现简单质朴的作风，多是单层没有底纹，但通体饰以细密繁缛花纹的满花装饰开始出现。装饰方法以平雕为主，但开始出现浮雕，为晚商时期青铜装饰艺术的空前发展和达到高峰创造了条件。

商代早中期青铜器上开始出现一两个字的铭文。郑州白家庄2号墓出土的一件罍，肩部饰有三个龟形图案，有学者认为该图案应是“黽”字，是氏族徽号。中国国家博物馆收藏的一件铜鬲上，有“亘”字，可认为是这一时期铜器上比较罕见的铭文之一。

这一时期能用多种配方的金属原料冶炼青铜，含铅量高的青铜器外观效果很好。青铜器一般都比较匀薄，体现了当时陶质块范的合范技巧有较高水平，并且努力追求器壁匀薄。很多爵和鼎、鬲的口缘往往有一圈加厚层，显然是为了防止过薄产生破裂。纹饰的线条边缘极其清晰峻深，有的甚至相当劲利，反映出制范技术甚为成熟，有着很好的镂刻控制能力。此时人们已经掌握分铸技术，卣和盉的提梁，能够随意摆动。从浑然一体的合范铸造，到能掌握分铸技术，从而生产比较复杂的器形，无疑是一显著的进步。最能反映这一时期冶铸水平的是1974年郑州张寨杜岭出土的两件大方鼎。均为斗形方腹，立槽耳，四柱足，造型和谐平稳，而且其中一件高达100厘米，另一件高87厘米，形体之大是这一时期所罕见的。铸造如此庞大的器物，非工艺高超实不可为。

【小辞典 · 瓪】

砍伐工具。形体一般作长条形，体宽比斧要窄，比凿要宽，

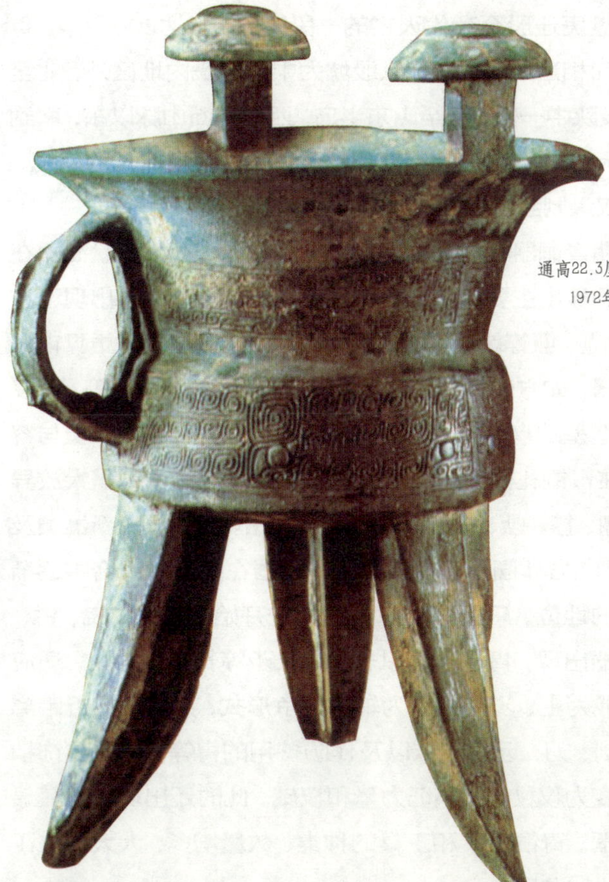

图169　兽面纹斝
商早期
通高22.3厘米　口径16.6厘米
1972年陕西岐山京当出土
现藏岐山县博物馆

刃部多双面刃或单面刃。装柄的方向与刃部是垂直的，而且柄部呈曲形，与斧不同。銎口有长方形、梯形或六角形。

3．商代晚期青铜器

商代晚期是中国青铜器艺术第一次进入蓬勃发展的时期。商代晚期是指盘庚迁殷至商代灭亡的一段时间，长达200余年。青铜文化覆盖面相当广泛，除了以殷墟为中心的畿内地区外，北至河北、山西及陕中一带，东至山东半岛，西至横断山脉以东，南到长江流域。大量发掘出土的殷墟青铜礼器，呈现出非凡的盛况，反映了当时奴隶制经济和政治所达到的发展高度。

商代晚期青铜器在器类和器形上都较前有长足发展。酒器在礼器中更加凸显出主要地位。器形继续有所创新，同时出现了方彝、觥、觯、壶、瓿等新器类，特别引人注目的是出现了更具审美价值的方形器，如方斝、方觚、方尊、方罍、方爵、方卣等，而以兽鸟为基本造型的鸟兽觥、鸟兽尊、鸟兽卣等酒器，融雕塑与容器于一体，在青铜礼器中最富艺术价值，使商代的青铜器大放异彩。食器中鼎、簋、甗、鬲的数量增多，并出现盂、豆等新器类及方鼎、扁足鼎、方体圈足簋等新器形。食器在礼器的组合中逐渐占有了重要的地位。乐器在礼乐中的地位开始凸显，如铙、镈、鼓等青铜乐器出现。青铜兵器以长戈、长矛等长兵器为主，适应了当时以车战为主、步卒征伐为辅的战争形式，另有适应近距离搏杀的钺、剑、刀，远射的镞以及作防护用的胄等。许多装饰精美的兵器转变为仪仗器，象征力量和权威。此时还出现了配套最齐全的车马器。青铜农具和工具的种类、数量增多，大大促进了农业和手工业的发展。

青铜器的装饰趋于复杂化，既庄严神秘，又富有生气，形成独特的时代风格。一方面，大量代表大自然力的各种怪诞的神怪装饰，尤其是兽面纹受到极大推崇，王室和显贵专有的重要酒器和食器上均装饰有兽面纹。兽面纹的艺术性也得到极大发挥，越来越抽象和夸张。基本样式是巨目、裂口，额鼻部分成直线而突起，多有一对利爪，两旁有对称的张开的身躯，但角的形状富于

图170 豕尊
商晚期
通高40厘米 长72厘米
1981年湖南湘潭船形山出土
现藏湖南省博物馆

图171 兽面纹瓿
商晚期
通高47.6厘米 口径29.8厘米 重28.2千克
1976年河南安阳殷墟妇好墓出土
现藏中国社会科学院考古研究所

变化，例如从角的构图上看有内卷角、外卷角，从角的动物形制看有牛角、羊角、龙角、虎耳角、长颈鹿角，另外还有环柱角、曲折角等。巨目也有变化，炯炯有神，可分为圆睛形、“臣”字目形、眼白下勾形等。兽尾也多变，可分为分歧尾、上卷尾、下卷尾等。因此，商代晚期的兽面纹可以说达到了发展的顶峰，种类繁多，变化万千。另一方面，在一个图案单位上除了主体纹饰以外，常以各种动物形象作为陪衬，一器少者两三种，多者可达七八种，有的甚至更多，使器上无空隙处。

商代晚期青铜器铭文有了很大发展。字数增多，少的一两字，多的已近50字。铭文中载有许多氏族的徽记，则是研究当时氏族方国志的重要资料。当时出现了记事形式的铭文。铭文书体结构尚未脱尽图形文字的形态，笔画中常以细笔和粗笔相间，证明书写者已注意行款章法的联系。此时的铭文不仅是记录思想和语言的工具，而且已成为青铜器独特的艺术形式。

商代晚期选矿炼铜的技术已经相当成熟，江西瑞昌铜岭古铜矿、湖北大冶铜绿山古铜矿以及安徽铜陵木鱼山遗址的发现证明了这一点。此时的陶范铸造工艺已能达到严丝合缝的境界，可以铸造多种形状复杂、纹饰精致、表面良好、形状准确、器壁匀薄的青铜器。

4. 神奇的三星堆青铜器

位于长江上游、以四川成都平原为中心的蜀国，是商代势力强大的方国。与商朝一样，由于重视祖先崇拜和祭祀，以及青铜礼器盛行，因而它具有高度发达的青铜文明。

1986年在四川广汉三星堆遗址的南面发现两个商代祭祀坑，出土了金器、青铜器、玉器、石璧、陶器、象牙等共1700余件文物，时代与商代晚期相当。1号祭祀坑出土铜器178件，2号祭祀坑出土铜器735件，有大型青铜立人像、跪坐人像、人面具、兽面具、神树、权杖等。这些珍奇的文物都是蜀王奉献给神灵的礼器。但是，祭祀坑中并没有殉人祭祀的现象，这一点比商朝的礼制更加文明。

图172　䢅其四祀卣
商晚期
高32厘米　口径19.7厘米
传河南安阳出土
现藏北京故宫博物院

祭祀坑出土的大型青铜立人像，通高达260厘米。人体修长，大眼隆鼻，方颐大耳，头戴高冠，双手作持物状，衣饰细密花纹，两侧下垂呈燕尾式，赤脚站于方台座上。庄重威严，形象生动。此像是目前中国所见先秦时代铜质造像之最大者，在世界青铜圆雕人像史上也占有重要地位。有学者认为此人像应是巫师的形象，为“群巫之长”，正在指挥盛大的祭祀场面。又有学者认为蜀方也实行神权与王权合一的统治，此人像应当就是蜀王的形象。

祭祀坑中出土的一大批人物头像，脸呈方形，眉骨高耸，巨目高鼻，阔口紧闭，大耳为卷云纹状，耳垂上有孔。颈作三角形，头戴各种冠饰。这些人面形象带有典型的四川地方特色，应是蜀国祭祀人的形象。此外还有许多从未见过的以纵目大耳为特征的人面具，长筒形凸起的双眼，丰鼻宽嘴，大耳外侈，造型更显奇特怪异。大量的青铜面具中还有以金箔装饰的人面具，专家推断应是蜀人祖先的形象。其具有与神灵沟通的神力，是蜀王在举行祭祀大典中献给神灵的礼器。以金箔装饰的人面具极少，更显尊贵。

三星堆青铜器的出土是中国考古史上的重大发现，也是中国考古学、青铜器学最重要的研究领域。两坑中的文物是商代蜀国早期两次埋藏下的重器，除青铜容器具有中原殷商文化和长江中游地区的青铜文化风格外，其余的器物种类和造型都具有极为强烈的地域特征。这些青铜器的出土首次向世人展示了商代中晚期蜀国青铜文明丰富多彩的文化面貌，对研究商代的蜀国文化有重要意义。

【小辞典 · 殉人】

用活人来为死去的氏族首领、家长、奴隶主或封建主殉葬。殉人基本上是主人的近亲、侍妾、近臣和近侍，也有用作仆役的奴隶。流行于原始社会末期及整个奴隶制社会。古代埃及、两河流域、印度、日本和中国的史书中都有记载，并为考古发现证实。在西南非洲、大洋洲、中南美洲和太平洋岛屿上的一些民族中，直到近现代仍残存这种习俗。

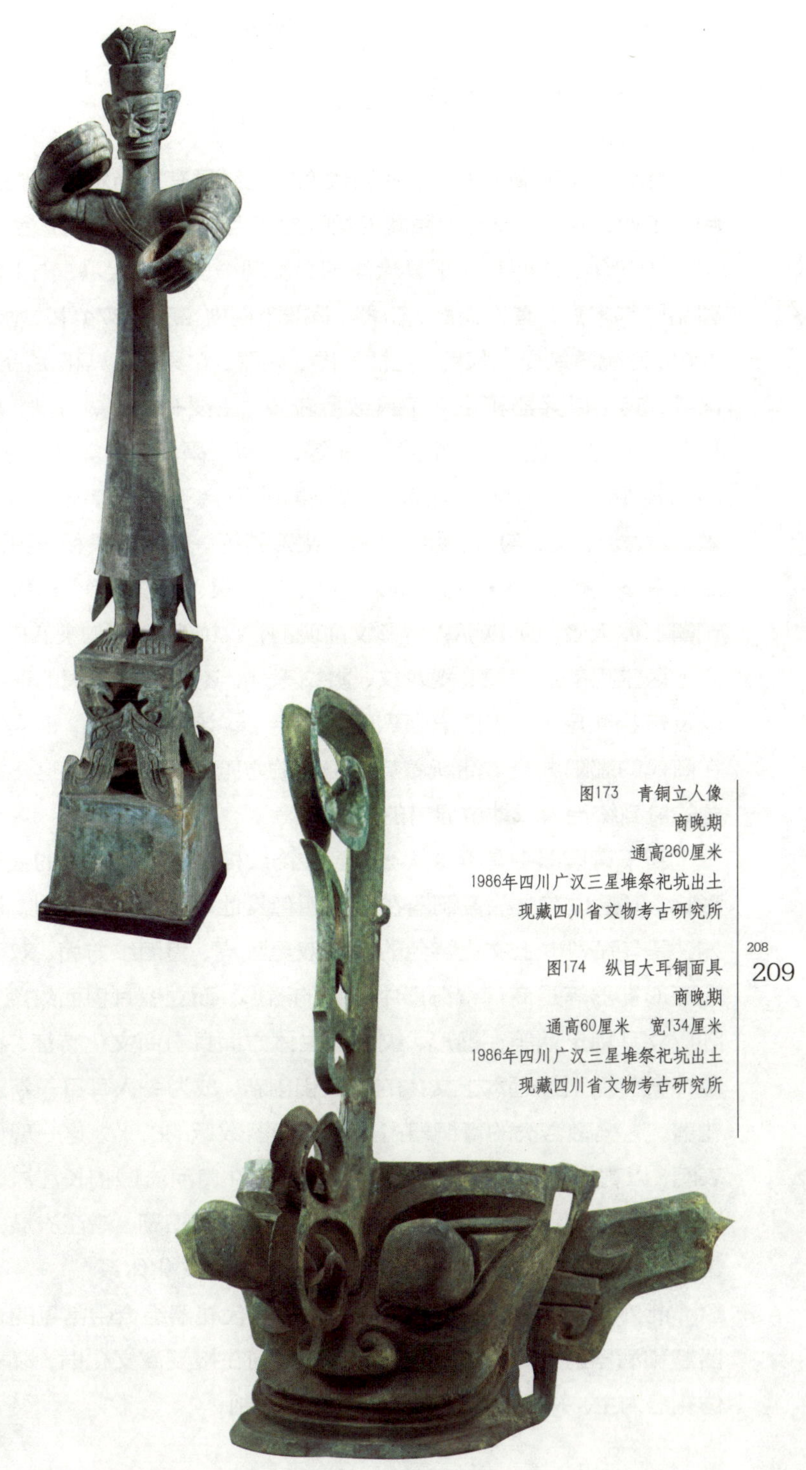

图173　青铜立人像
商晚期
通高260厘米
1986年四川广汉三星堆祭祀坑出土
现藏四川省文物考古研究所

图174　纵目大耳铜面具
商晚期
通高60厘米　宽134厘米
1986年四川广汉三星堆祭祀坑出土
现藏四川省文物考古研究所

5. 南方的新干青铜器

地处江南的新干方国，在商代晚期已经具有相当发达的农业和手工业，成为一支与中原商王朝国力相当的地方势力。

1989年，江西省新干县大洋洲乡发现一座商代大墓，出土随葬品极其丰富，有青铜器、玉器、陶器和原始瓷器1374件，尤以486件青铜器最令人瞩目，包括礼器、兵器、农具、工具和生活杂器等，其中以兵器和生产工具数量较多。主要有圆鼎、方鼎、扁足鼎、鬲、甗、盘、豆、瓿、壶、卣等，以鼎、鬲、甗等食器为主，酒器较少，这与中原地区商代青铜器的组合不同。青铜兵器有钺、刀、矛、戈、勾戟、镞、匕首、宽刃剑等。青铜工具和农具的品类众多，有凿、铲、锛、刻刀、斧、锸、镰、耜、犁等。这批青铜器形体大者气势恢弘，小者纹饰瑰丽，纹饰及附饰上除了有中原地区常见的兽面纹、夔龙纹、雷纹等外，还普遍使用虎的形象以及带状燕尾纹，表现出强烈的地方特色。该墓的发现，证实了在商代的鄱阳湖流域活跃着势力强盛的方国，墓主人应是这一方国的最高统治者或地位显赫的贵族。

新干青铜器中有不少从器形到装饰纹样都受到商文化的强烈影响，但是也有一些青铜器在商王朝和其他地区均未出现过。例如，具有强烈本土文化特色的立鸟双尾卧虎、兽面纹方卣、双面人面形神器等是商代青铜器中仅见的器形。而立鹿耳兽面纹甗、卧虎立耳扁足鼎等在器形、纹饰等主体方面具有商文化特征，在装饰细节上则经过本土文化的改造和创新，成为令人耳目一新的礼器。这类融合类的青铜器占全部青铜器数量的67%。这一现象表明，以青铜礼器为主要特征的商代文化在黄河流域和长江流域迅速蔓延开来，最迟在商代中期已经传播到鄱阳湖、赣江流域一带，但是新干方国与商王朝显然不属于同一个文化体系。

此外，在新干青铜礼器中没有发现商代礼器组合中常见的食器簋和酒器爵、斝，由此证实了新干方国在接受商文化时，以模仿礼器为主，并非全盘照搬了商王朝的礼制。

图175　双面人面形神器
商晚期
通高60厘米
1989年江西新干大洋洲商墓出土
现藏江西省博物馆

图176　立鸟双尾卧虎
商晚期
通长53.5厘米　高25.5厘米
1989年江西新干大洋洲商墓出土
现藏江西省博物馆

6. 西周早期青铜器

武王灭商后，历经成王、康王和昭王的西周早期是一个政治上的巨变期，但文化上的变动则要慢于政权的更替。就青铜器本身而言，西周早期延续了商代晚期的鼎盛势头，并基本承袭了殷商风貌，但在这一过程中以周文化为主体的青铜文化也逐渐开始建立起来。

目前发掘的重要的西周早期墓葬有陕西宝鸡竹园沟和纸坊、澧西马王村、泾阳尚家堡，河南濬县辛村、洛阳砖瓦厂，北京房山琉璃河黄土坡燕国墓地、昌平白浮村，河北元氏西张村，湖北江陵万城，山东滕县滕侯墓地等。这些墓葬中出土的青铜器较为集中，整体呈现庄严厚重的风格。

西周早期青铜器的数量远远超过商代。青铜酒器的器类基本齐全，青铜食器的种类也与殷商晚期基本相同，几乎没有新出的器形。但就器形、数量和组合而言，承袭并非照搬，既有承袭殷制的一面，也有开始出现变化的一面。酒器的数量仍较多，但多为爵、觚等手执酒器，大型和较大型的盛酒器发现甚少。还出现了组合酒器的酒座——禁。食器主要有鼎、簋、甗，鬲、豆不多见，新类型的出现正在酝酿之中，数量增多，尤其鼎和簋的数量与质量受到重视。出现了列鼎制度，周人青铜礼器的特色渐渐凸显。青铜乐器中的钟用途极其广泛，作为礼乐之器的地位也十分显著。普通的车马器中的冠、当卢、銮、马笼嘴等开始成为标示等级之物，具有礼制意义。

青铜器的装饰风格大致沿袭了殷商特征。兽面纹仍很发达，仍是装饰的主体纹样，一些新的纹饰也开始出现，并流行开来。例如对称的卷体夔纹在圈足方座簋上非常盛行；长尾高冠或长身分尾的凤鸟纹开始装饰在器物的重要部位上，非常醒目华丽；勾连雷纹等几何纹越来越多地开始单独装饰整器，地位提升。

西周早期青铜器铭文有极大的发展。留存于世的金文数量十分可观，数十字以上的约在六七百篇以上。铭文内容大大丰富，除族名、日名和作器者之名外，还包括祭祀、分封、征战等诸多内容。铭

图177　伯格卣
西周早期
通高27.9厘米　口长10.7厘米　口宽8.5厘米　腹深14厘米　重3.17千克
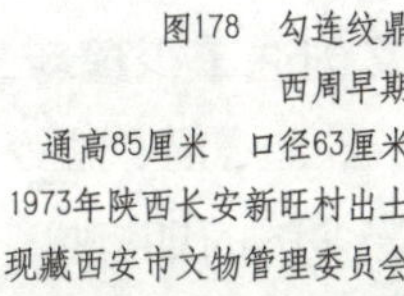
1981年陕西宝鸡竹园沟出土
现藏宝鸡市博物馆

图178　勾连纹鼎
西周早期
通高85厘米　口径63厘米
1973年陕西长安新旺村出土
现藏西安市文物管理委员会

文书体已开始注意线条的粗细变化，注重书写的行气和章法，行款也渐趋齐整，呈现出瑰异凝重、雄奇恣放和质朴平实等风格。

7．西周中晚期青铜器

西周中晚期，政治秩序和礼乐制度完全建立，并出现了新的发展。与之相一致的是，青铜器在器类、形制、铭文、纹饰乃至铸造上都出现了新的变化。这一变化一直延续到春秋早期，在中国古代青铜器发展史上形成了颇具特点的转变。

目前发掘的重要的西周中晚期墓葬地有陕西的扶风庄白家村、长安普渡村、宝鸡茹家庄強伯墓、澧河西岸的客省庄和张家坡，山西曲沃晋侯墓地，河南三门峡上村岭虢国墓地、浚县辛村卫国墓等，出土青铜器较为集中。另有大量这一时期的青铜器出土于周原地区的窖藏中，例如陕西省，扶风庄白家村发现的一窖藏出土青铜器103件，为西周中期微氏世家所有物；齐家村南发现的一窖藏出土青铜器39件；召陈村发现的一窖藏出土青铜器19件；岐山董家村发现的一窖藏出土青铜器37件。

这一时期青铜器的器类有了扬弃性发展。酒器逐渐淡出，卣、觯、斝、觥等酒器消失，壶、尊等一些大型容酒器重新张扬，又创造了少量新式样的酒器，如𨱔、饮壶。食器的比重逐渐增大，盨、簠、盆等一些新的食器器类出现，使之成为新器类出现最多的时期。鼎、簋等旧有器类的器形出现新的变化和样式，列鼎制度形成。鼎与簋形成礼器的基本组合，彰显着西周的重食礼制。水器在礼器中的地位逐渐上升，盘、盉组合以及盘、匜组合出现，成为西周社会礼制大变革的另一重要内容。青铜乐器在此时也获得了很大发展，尤其是青铜钟发展形成的编钟制度，成为礼制发展的重要标志之一。

西周中晚期，周人开始彻底摆脱商代的纹饰模式，青铜器纹饰出现了急剧的变化过程。流行了600年之久的兽面纹从顶峰上跌落，在短短的数十年间就被淘汰。典型的兽面纹的鼻部、嘴部、身躯或消失，或转化，唯有眼睛的存在方能辨出兽面纹往日的辉煌，这一类的变形兽面纹也称窃曲纹。云雷纹作衬底已不多

图179　丰尊
西周中期
高16.8厘米　口径16.8厘米　腹深14.6厘米　重1.5千克
1976年陕西扶风庄白家村出土
现藏周原博物馆

见，而且开始趋于草率，逐渐失去纹饰的深邃感和精密感。各种动物纹开始由配饰的地位上升为主纹，最典型的是凤鸟纹，构图都作两鸟相对状，瑰丽多姿，漂亮的冠羽和尾羽往往卷成各种形态。波曲纹、重环纹、瓦纹、鳞纹等几何形的线条纹饰增多，显示出青春活泼的时代风貌。

青铜器铭文出现鸿篇巨制，青铜器上的长篇铭文，绝大部分是这一时期的杰作。现收藏于台北“故宫博物院”的毛公鼎，有铭文497字，是目前所知青铜器上最长的铭文。铭文内容丰富，族氏名号之类的标记性铭文已极少出现，大多为册命、训诰、战争、赏赐、土地交换等内容，有些甚至具有明确的书史的性质，可以证信古史，弥补史书的缺佚。铭文的笔道已接近粗细一致，进一步向线条化方向发展，波磔与肥笔基本不再有，字形上相对商末周初端严拘谨的形式有所改变，显得较为宽松和散漫，逐渐形成了笔道柔和、字画圆浑的风格。字形特征较为明显：一是普遍作长方形，字形大小相近；二是绝大多数笔画粗细相近，无波磔，为均匀的线条。铭文布局颇为工整规范，横成排，竖成列，在少数器铭上可以看到清晰的长方格，表明当时是先画格再按格作字的。由于字形典雅，行列整齐，所以这一阶段的铭文显得庄重、肃穆。

【小辞典 · 鳞纹】

最早见于商代晚期，盛行于西周中晚期至春秋。指取龙或蛇的鳞片为单元组成的纹饰，排列的方式有连续式、重叠式、并列式三种。连续式是完全相同的鳞片，按纵向交错排列，可铺开一个很大的面。重叠式的鳞纹排列方式如鱼鳞相叠，也是纵向式。这两种鳞纹皆为纵向排列，常称为垂鳞纹，都可作为主纹，一般饰在器物的腹部。并列式，大小相同或大小相间的鳞片横置有作带状的，也有作两层横列的。

8．春秋战国青铜器

春秋战国时期，周王室衰败，各诸侯国兴起，发生社会大变

图180　鸟纹象尊
西周
高21厘米　长38厘米
1967年陕西宝鸡茹家庄出土
现藏陕西历史博物馆

图181　㝬簋
西周晚期
通高59厘米　口径43厘米　重60千克
1978年陕西扶风法门镇齐村出土
现藏扶风县博物馆

革。青铜器作为周礼的象征，首当其冲地成为各诸侯僭越的对象。这客观上大大促进了青铜艺术的发展，新器类、新工艺、新技术层出不穷，由此进入了青铜艺术发展史上的更新期。

这一时期，周天子和王室、王臣的青铜器逐渐减少，诸侯国则普遍建立青铜铸造业，显示自己力量的诸侯青铜器开始增多。各诸侯国青铜器尽展风采，以三晋为中心的中原地区、以齐鲁为中心的山东地区、以燕国为中心的北方地区、以秦国为中心的西北地区、以楚国为中心的南方地区，各领风骚，呈现出强烈的地域特征。各地域间随着战乱、迁徙、商贸，文明相互交融，青铜工艺也相互影响。

在发现的春秋战国墓葬中，出土大批青铜器的有河南新郑、光山黄君孟夫妇墓、固始侯古堆大墓、淅川楚墓群、信阳长台关楚墓群、洛阳金村古墓、洛阳中州路东周墓、汲县山彪镇魏国墓地，河北平山中山王墓，安徽寿县蔡侯墓，湖北江陵楚墓、随州擂鼓墩曾侯乙墓、枣阳九连墩楚墓等，为研究这一时期的青铜器提供了众多珍贵资料。湖北大冶铜绿山古矿冶遗址和山西侯马的青铜铸造遗址，更使我们对这一时期采矿业的规模、冶铜和青铜铸造业及其分工有了更全面的认识。

春秋战国青铜器总的特点是，不但数量多，而且在种类上涉及各方面内容。因百家争鸣、百花齐放的思想文化运动的兴起，人们的思想观念发生了重大变化，青铜器的神圣地位受到巨大冲击，逐渐失去了神秘的光环。传统的青铜礼器备受冷落，而生活用器大量增加。原来庄重威严的青铜器，其形式的设计向着两个相反的方向发展：一种是以造型的美观为目的，外形极尽华美、夸张；另一种则以实用为目的，外形简洁而轻巧，成为款式新颖的用品，步入人们的日常生活。一些旧的器类如簋和盨等开始消失，出现了一些新的器型如敦、盆、鉴等，并由此逐渐形成新的青铜器组合形式。

这一时期青铜器纹饰的面貌一新，追求新颖、细腻、繁缛多变。庄严且具威慑力的兽面纹已彻底失去昔日惟我独尊的地位，仅作为局部纹样装饰，如鼎的足根、铺首、匜流或盘的耳部。单调沉闷的窃曲纹、垂鳞纹、重环纹已退居次要地位，代之而起的

图182　曾中斿父方壶
春秋早期
通高66.7厘米　口长23.1厘米　口宽16.3厘米
1966年湖北京山苏家垅出土
现藏湖北省博物馆

是精心雕琢的由龙、凤、蛇、牛等动物形象演绎而来的蟠龙纹、蟠蛇纹、几何纹等清新秀逸的纹样。几何纹样包括绹纹、三角回纹、方形回纹、卷云纹、几何形纹、羽纹、斜线纹等，多用于青铜器装饰的辅助性纹样。狩猎、宴饮、采桑、攻战等人物活动也创造性地作为主纹出现。

春秋战国时期的铭文大多简短，类似西周中晚期那样的长篇铭文几乎不再有，偶有一些长篇巨作，内容稍显空洞单一。记事铭文不多见，整体铭文的质量已经不再具有书史的性质。一般都是陪嫁媵器或称扬先祖。战国中期以后，铭文主要起“物勒功名，以考其诚”的功用，即记载器物的制造者、使用者、置用地点、容积重量额等，有的还用干支、数字作为编号。字体的地域风格显著。西北秦国的金文书法刚劲、笔势匀称，成为秦统一后的文字。北方晋国流行一种笔势头尖腹肥的字体。南方吴越国铭文，字体清新秀丽，行笔工整修长，线条弯曲灵动，后期越国多见以鸟形作为装饰的美术字，变化多姿。楚国的文字则更显诡奇、流畅和奔放，字体趋向修长，仰首伸脚，笔画富于变化，多波折弯曲。

春秋战国时期，青铜器的铸造仍采用传统的陶范法，有单范铸造和合范铸造，器身与附件分别铸造的分铸法在商周基础上得到进一步发展，也更加广泛地应用，创造了诸多结构复杂、优美动人的作品。失蜡法铸器在这一时期得以发明并走向成熟，成品可达到高度精细，无须打磨加工。在铁器时代来临之际，由于更加坚韧而锋利的新型铁制工具的推广，带来了中国青铜工艺发展的最高峰，镶嵌红铜、绿松石以及错金银、鎏金、包金、贴金、刻镂等新工艺的成熟和普及，使青铜器摒弃了传统的威严而怪诞的面孔，向精美华贵、洋溢着人文精神的新风尚大大迈进了。此外，在制作花纹上还发明了模印法，节约了人力物力，大大提高了生产效率。可以说，传统工艺的革新和进步以及新工艺的产生和发明，为这一时期青铜铸造业的发展奠定了基础。

9. 秦汉青铜器

秦汉时期，国家实力强盛，进入文化发展的全盛时期。但随

图183　镶嵌狩猎画像豆
春秋晚期
高20.7厘米　口径17.5厘米　底径11.1厘米
1923年山西浑源李峪村出土
现藏上海博物馆

图184　错金银云纹犀尊
战国晚期
高34.1厘米　长58.1厘米
1963年陕西兴平豆马村出土
现藏中国国家博物馆

着铁器的日趋推广，特别是漆器和早期瓷器的发展，青铜铸造业在手工业中已经退居次要地位，生产规模不断萎缩，比之商周时期大为逊色，青铜艺术进入了衰退期。

考古发现秦代青铜器的遗址和墓葬主要有陕西咸阳秦都冶铜遗址、陕西临潼始皇陵兵马俑坑、湖北云梦睡虎地秦墓、河南洛阳西宫秦墓等。发现汉代青铜器的遗址和墓葬主要有河南烧沟汉墓群，河北满城汉墓，甘肃武威雷台汉墓，湖南长沙市郊汉墓群，广东广州南越王墓，广西贵县、合浦汉墓群，云南晋宁石寨山墓群、江川李家山墓地、羊甫头墓地等。

这一时期的青铜器，器类和风格都有了较大的变化。最主要的变化是一反先秦时期附属豪门贵族、寓礼于器的特点，贴近平民，向日常的实用器转变。此时的青铜器，渗透到社会生活的各个方面，运用非常广泛，但都以日常生活中的实用器为主，诸如鼎、釜、鍪、鐎斗、钟、钾、钫、樽、卮、盒、耳杯、盘、洗、灯、博山炉、熨斗、斛、漏壶、铜、鉴以及铜镜、乐器、兵器、货币、符、节、带钩、玺印和度量衡器等。其中，铜镜的发展尤为显著。青铜兵器几乎不见，完全被铁制品取代。显然，春秋、战国以来流行的多种器类已基本绝迹，即使少量留存下来的一些器类，造型、功能等也发生了明显的变异。

这一时期青铜器整体呈现出朴拙无华、浑厚粗重的艺术风格。流行纹饰有四类：第一类是几何图案，如菱纹、迭瓣纹和三角纹，这些图案常配置在一器上；第二类是青龙、白虎、朱雀、玄武四灵，东王公、西王母等神仙以及羽人、山川、云气等，表现了汉代流行的神仙信仰的题材；第三类为历史故事画像，因青铜器的局限性，此类画像不多见，常见的有画像铜镜，如伍子胥等历史人物故事；第四类是吉瑞隐喻图像，如羊喻吉祥、鱼喻丰穰等。

这一时期青铜器的装饰方法，除铜镜、洗、铜、炉等器外，极少模制，而多为刻纹。刻画技术纯熟精湛，表现题材广泛。铜镜的范铸技术和鲜明的装饰题材与风格，也取得了新的成就。鎏金技术发展到高峰，显示出富丽的效果。错金银和镶嵌工艺在春秋、战国传统技术的基础上又有新的发展和创新。有不少作品表面既错金，又错银，还镶嵌绿松石，构成绚丽多彩的图案，错金

图185　始皇廿六年诏椭量
秦
高44厘米　口径18厘米
现藏天津博物馆

图186　鎏金嵌琉璃乳钉纹壶
西汉
通高45厘米　口径14.2厘米　腹径28.9厘米　重11.2千克
1968年河北满城陵山中山靖王刘胜墓出土
现藏河北省博物馆

银技术达到流畅自如、细如发丝和出神入化的纯熟地步。

当秦汉青铜器作为一个重要的艺术门类失去昔日的辉煌而统治地位日渐下降时，周边的少数民族青铜器制作却取得了很高的成就，如北方草原民族以斗兽为特征的青铜饰物，自战国以来一直蓬勃发展；云南滇国的青铜器，其高度的写实手法和优美的造型具有独创的地方性和民族风格，与中原任何一期青铜艺术品相比较，毫不逊色。

【小辞典 · 四灵】

指中国古代传说中的四种瑞兽。《礼记 · 礼运》载：“麟、凤、龟、龙，谓之四灵。”龙能变化，凤知治乱，龟兆吉凶，麟性仁厚。也指四星名，《三辅黄图》卷三载：“苍龙、白虎、朱雀、玄武，天之四灵，以正四方。”多作器物上的纹饰。

10. 魏晋南北朝铜器

魏晋南北朝的300多年间，虽然战争不断，但也有相对稳定的时期。这一时期传世或出土的青铜制品，从器物种类到风格特征上看，主要是沿袭两汉以来的传统。

考古发现的这一时期的墓葬，大量的随葬品是陶瓷器，铜器很少，一般仅一件，或三、五件不等，很难找出其组合的规律。从已发现的青铜器看，这一时期铜器的种类仍以日常生活用器为主，主要有釜、镳斗、勺、酒樽、耳杯、洗、博山炉、灯、炭炉、熨斗、唾壶、铜镜等。此外，武器主要有弩机、刀，车马器主要有镳、辖。其中，铜镜铸造比较兴盛繁荣。随着佛教的发展，铸造佛像成为青铜冶铸业一个极重要的内容，也可能正因如此，使得铜制日常生活用器大为减少。今流传下来的铜制或铜鎏金佛造像，具有相当数量，是研究北魏佛教文化和雕塑艺术的重要资料。

这一时期的铜器以素面为主，外表较粗糙，仅少部分铜器具有简单的纹饰，少数制品有鎏金和错金银装饰。例如，1966年陕西历史博物馆收集到的一件有前凉“升平十三年”铭的金错泥

图187　延兴五年释迦牟尼像
北魏
通高35.2厘米
1967年河北满城孟村出土
现藏河北省博物馆

篇，器呈筒形，平底下有三短足，器外饰精致的错金龙虎纹。

这一时期，北方游牧民族的青铜器在很大程度上反映了民族文化融合的特点。例如，内蒙古呼和浩特市美岱村北魏墓葬出土的两件体呈瘦长型的虎符，铭文分别为“皇帝与河内太守铜虎符第三”、“皇帝与河内太守铜虎符第五”，不但表明了墓主是拓跋族的上层贵族，而且说明北魏政权用于传达命令或调兵遣将的凭证，也沿用了汉族封建王朝的虎符形式。

11．隋唐铜器

隋唐时期，由于瓷器及金银器制造业非常兴盛，铜器制造业继续衰落。日常生活所用铜制品在考古发掘或传世品中所见标准器数量均不多，但种类仍很多，包括食器、酒器、水器等，还有宗庙与军事用器。主要有鐎斗、碗、钵、盂、壶、勺、盆、洗、匜、杯、罐、盒、灯、净瓶、手炉、刀、锁、镊、勾、笔架、钟、符以及高度发展的青铜镜等。

大型铜钟的铸造反映了唐代青铜铸造业的发展水平。闻名于世的景云钟铸于唐睿宗景云二年（711年），钟口为外侈的六角弧形，形制宏大，铸造工艺极为高超，铸模共分5段，26个模。钟身布满精致的纹饰，有凤、鹤、狮、龙、朵云、蔓草纹等，还有睿宗李旦御笔铭文18行292字，主要是记载景云钟的制作及其特点。此钟虽历经千年，其音色仍清脆洪亮。与景云钟相似的唐代铜钟，较重要的还有甘肃武威大云寺的铜钟和张掖鼓楼的铜钟。

隋唐佛教兴盛，铜制佛像和佛塔也很流行，并以鎏金装饰，显得金碧辉煌。例如陕西西安南郊东八里村出土的隋代鎏金弥勒像，由高足床上一佛、两菩萨、两力士、一香熏及两蹲狮组成。阿弥陀佛结跏趺坐于束腰莲花高座上，两胁侍菩萨端立在莲花座上，上身裸露，璎珞重重，双足跣露，均有莲瓣形顶光。两侧各一裸身金刚力士，肌肉隆起，嗔目怒视。莲座下方置一华丽的香熏，由一裸身力士托撑。在床左侧、背后和足上镌刻有董钦于隋开皇四年（584年）造像的发愿词。构思精妙，通体鎏金，异常华丽，实属少见。

图188　鎏金弥勒像

隋

通高41厘米　座长24.5厘米

陕西西安南郊东八里村出土

现藏西安市文物管理委员会

图189　鎏金骑射纹杯

唐

高7.4厘米　口径5.9厘米

现藏北京故宫博物院

隋唐青铜制品以轻薄实用为主，少见装饰，以素面器为主，但也有一些制品华丽贵重，并以鎏金为饰，如手炉、勺、镊等生活用器。特别值得一提的是，有的铜质圆雕动物以鎏金作装饰。1974年西安南郊发现一件铜羊，羊跪卧在一铜质长形台座上，神态温驯可爱，羊与座均鎏金，增强了器物的华美感。由于台座上有宝相花花纹，此鎏金羊时代可定在盛唐时期。1975年在西安南郊发现了一对鎏金铁心铜龙，通长28厘米，高34厘米，两前腿站立状，体向上弯曲，龙首昂起，龙口张开，双目炯炯有神，龙角后伸，后腿与尾腾空而起，似欲腾云驾雾而去，是一件难得的艺术珍品。

【小辞典·净瓶】

也称“军持”。流行于唐、宋、辽时期的佛教僧侣水器。为佛教僧侣“十八物”之一，随身携带以贮水或净手。源于印度，后随佛教传入中国、日本、朝鲜及南洋群岛诸国。器形为细长颈，颈中部凸出如圆盘，长圆腹，圈足，肩部短流上翘，多作瑞兽形。

12. 宋至清代铜器

宋至清代的铜器铸造业总的说来是衰败的，但其间也有一些发展，尤其是宋代的铜器铸造业，无论是冶炼技术还是产量，都有一定的发展。

从文献资料看，宋代部分地区的铜器铸造业规模相当大，参与的人数常以万计。近年所发现的各地宋墓或窖藏内，陆续发现了不少铜制品，种类多而杂，以日常生活用器居多。主要有鼎、锅、勺、筷、壶、觚、执壶、盘、罐、瓶、净瓶、匜、唾盂、灯、炉、蜡台、香熏、笔架、钹、镇、权、铜则等。特别应提出的是，胆铜生产法在宋代进一步得到应用与发展，在铸造货币以及日常生活用器上，黄铜往往取代了青铜，白铜的生产也引人注意。白铜通常是纯铜与镍的合金，但也有铜与砷的合金。广东省博物馆

图190　地藏菩萨造像
宋
高45.5厘米
1956年浙江金华万佛塔塔基出土
现藏浙江省博物馆

收藏的一件宋代铜鼓，经测定，试样断口抛光后呈银白色，成分中除含锡、铅外，还含有砷。这种砷白铜在出土文物中是难以见到的，对探索砷白铜的发现很有价值。

辽代铜制品的种类与数量都较少，主要有釜、钵、勺、盆、执壶、权、铃、铜丝制的手套与足套、铜面具以及鎏金的诸多小件生活用品，尤以鎏金的小件生活用器种类为多，如锁、钥匙、带扣等。例如通辽辽墓出土的双鱼饰件，造型富有情趣，双鱼并列，全身鎏金，眼、嘴、尾、鳞全是刻錾出来的。

近年在黑龙江、吉林等地区发现了不少金代的遗址、窖藏与墓葬，从出土铜制品的种类与造型看，许多方面与中原地区没什么差异。除生活用品中的铜镜、铜镳斗外，还有铜佛和铜塔。由于大量铸造铜钱，金政府曾严格控制铜的使用，甚至这时的许多器物如钟和一些宗教用品等，都常以铁代替。金代的铜制品流传下来的以铜镜和铜印较多。铜镜上常常刻有官署名和制作地点，说明金代铜禁的严格。

元代官府手工业设“出蜡局”，负责金属制造业。留存下来最多的是铜权。铸造宗庙祭祀的铜器多仿照商周青铜器，如鼎、簠、爵等，铜镜也多仿照汉唐两代的。铜器的制作品位较低，草率粗糙。

明清时代在铜器铸造技术上有很大提高，其中包括传统的泥范法，以及春秋战国时逐渐发展起来的失蜡铸造法。后者可铸造出几十吨重的大钟，北京西郊大钟寺古钟博物馆内明代永乐大钟即为一例。还应指出，这一时期无论是货币还是一些生活器皿，黄铜都占有相当大的比例。

13．滇族青铜器

滇族是战国至秦汉时期，西南地区云南滇池周围地带杂居的各民族的泛称。滇人的居住地以滇池为中心，东至陆良、曲靖，南濒元江，西抵禄丰，与滇西昆明地区接壤。滇人的遗物主要发现于晋宁石寨山、江川李家山、安宁太极山与呈贡石碑村及小松山等地墓葬中。在诸多遗物中，青铜器颇引人注目，是我国青铜文

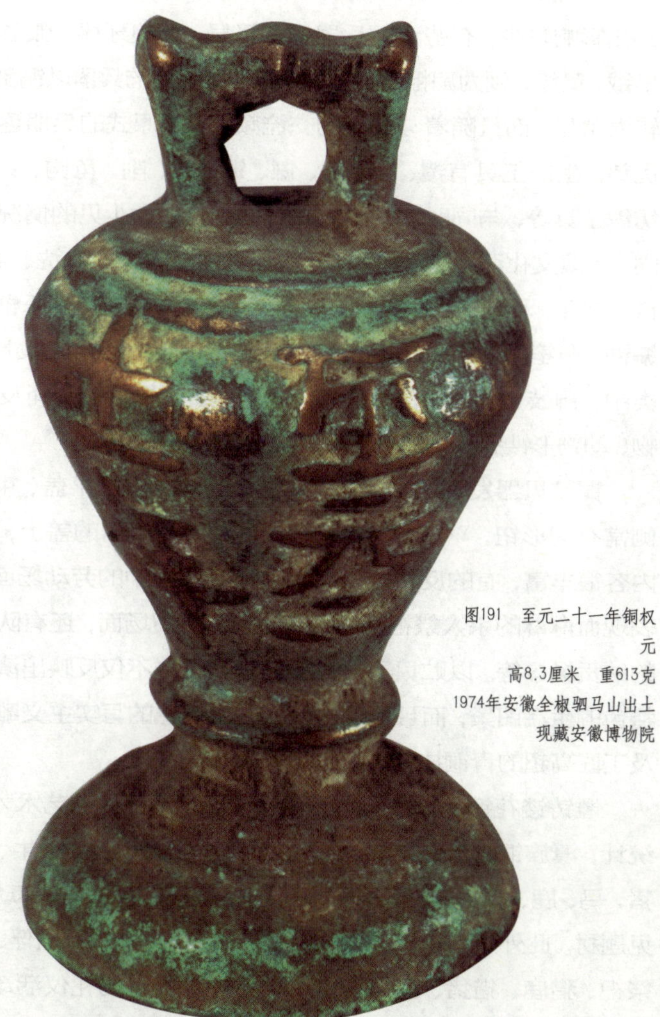

图191　至元二十一年铜权

元

高8.3厘米　重613克

1974年安徽全椒驷马山出土

现藏安徽博物院

化的重要组成部分。

滇族青铜器种类繁杂，按其用途可分为兵器、生产工具、生活用具、乐器和装饰品等。兵器比较特殊，品种有剑、矛、戈、斧、钺、戚、叉、矢镞、弩机、盔甲、箭箙等。战国时由于受中原文化影响较少，有些青铜兵器样式怪异，如狼牙棒、弧形偏刃细銎钺、叉等。剑为扁粗圆形茎，无格。汉代时的兵器以铜剑、铜斧较为常见，而且随着与中原的交流频繁，中原式的兵器逐渐占据优势。生产工具有镢、锄、臿、镰、锯、凿、削、鱼钩、针、锥和纺织工具等，与同时期中原地区青铜工具较为少见的情况明显不同，是滇文化遗存的一个重要特点。生活用具有壶、洗、釜、甑、樽、𨱏斗、耳杯、案、盆、贮贝器、伞盖、枕、镜等。乐器有鼓、编钟、芦笙。装饰品有腰扣、牌饰、头饰、手镯等。在以上诸多品类中，铜鼓、铜贮贝器、铜葫芦笙、铜锄、铜枕、铜俑及各种人物、动物形镂孔扣饰等，是最具滇文化特征的器物。

铜贮贝器发现的数量较多，形状近似铜鼓，平盖、束腰，两侧常有虎形钮，平底，或有三足或四足。贮贝器的盖上，表现的内容很丰富，有的反映奴隶在农业和手工业中的劳动场面，有的表现血淋淋的杀人祭祀情景，有热闹的集贸场面，还有队伍庞大的纳贡场景等。以贮贝器为代表的青铜器群不仅反映出滇人独具特色的生活图景，而且反映出滇族艺人娴熟的写实主义雕塑风格及工匠高超的青铜技艺。

雕铸镂花铜牌饰或扣饰，充分体现了滇民族的艺术才能。据统计，滇族铜牌饰和扣饰上有40余种动物形象，其中牛、羊、野猪、马、鹿、虎、豹、蛇、猴、狼、狗、狐狸、鱼、孔雀等动物是常见题材。此外还有丰富的人物活动，如盘舞、乐舞、献俘、缚牛、祭祀、猎鹿、猎猪、剽牛等富有地方民族特色的礼仪活动场面。加工精细，各种动物、人物都塑造得逼真生动。有些表现动物搏斗题材的装饰品，线条流畅，气氛紧张，充满动感，与北方出土的同类器题材相同，但风格不同。

滇族青铜器在冶铸方面，已达到相当高的水平。从铸造技术来看，已熟练地使用了陶范法、分铸法、失蜡法、焊接等技术；从装饰技术来看，能熟练运用鎏金镀锡、线刻、立体雕塑及镶嵌等

图192　纺织贮贝器
西汉
高21厘米　面径25厘米
1956年云南晋宁石寨山出土
现藏中国国家博物馆

图193　鎏金双人盘舞扣饰
西汉
长19厘米　宽13厘米
1965年云南晋宁石寨山出土
现藏云南省博物馆

工艺。

【名家点金】

云南地区发现的青铜器，分布范围主要在滇池和洱海两个区域。这两个区域的青铜器在器形和纹饰上均存在差别。如以滇池区域为中心的青铜器，一般种类较复杂，铸造精致，合金比例趋于完善，尤其是器物上的纹饰和雕铸动物、图像，极为丰富和生动逼真。而洱海地区的青铜器，制作粗糙简朴，种类较单纯，大多数器物上无纹饰。

——青铜器鉴定家　马承源

14．鄂尔多斯式青铜器

鄂尔多斯式青铜器，又称绥远式青铜器、北方式青铜器等。鄂尔多斯是蒙古古部名。作为一个地理概念，包括今天的内蒙古自治区鄂尔多斯市全部，以及与之相邻的巴彦淖尔市的后套地区和宁夏、陕北的一部分地区，秦汉时称“河南地”、“新秦中”，明代以后称为“河套”。

鄂尔多斯式青铜器是我国北方地区早期游牧民族的物质文化遗存，是我国青铜文化的重要组成部分。滥觞于早商时期，主要有铜质的刀、锥、镞等，后来发展出现了短剑、匕、斧及生活器皿、匙等。西周时期有了较大的变化，出现了小件装饰品。春秋晚期达到鼎盛阶段，战国晚期渐趋衰落，延续到东汉或更晚时期，被铁器取代。根据近年来的研究成果，这些青铜器被普遍认为是匈奴族文化系统的遗物。

春秋晚期至战国早期的鄂尔多斯式青铜器，以内蒙古杭锦旗桃红巴拉、乌拉特中旗呼鲁斯太苏木和林格尔县范家窑子乡等地墓葬出土物最为重要。战国晚期以内蒙古准格尔旗西沟畔、玉隆太、速机沟、瓦尔吐沟、杭锦旗阿鲁柴登，宁夏固原县杨郎乡，陕西神木县纳林高兔村、李家畔村等地出土的为代表。

鄂尔多斯式青铜器都是便于携带的小型实用器。器类有兵

图194 动物纹短剑
春秋晚期
长28.5厘米
1975年内蒙古宁城小黑石沟出土
现藏赤峰市文物站

图195 虎噬驴饰牌
战国中期
长13.7厘米 宽8.2厘米
1977年宁夏固原出土
现藏宁夏回族自治区博物馆

器、工具、车马具、生活用具、装饰品等，没有发现农具和礼器。兵器和工具主要有鹤嘴镐、小锤、刀和短剑，另有镞、锥、凿、斧、戈、锛等，戈、斧、镞多为中原式。车马具有马衔、马镳、络饰、扁环、车軎等。生活用具主要为铜镜。装饰品种类繁多，尤以带扣、环饰、联珠形饰、鸟头形饰以及各种各样的动物纹样饰牌和圆雕动物形饰最为典型，反映了这一时期青铜文化的显著特征。

鄂尔多斯式青铜器以大量的动物纹为装饰题材，独具特色，被称为“鄂尔多斯式动物纹”。早期动物纹有鹿、龙、羊、蛇等，基本装饰在短剑、刀、匕的柄首部，造型比较简单，多以圆雕的艺术手法表现动物的头部。后来增加了马、鸟等其他种类，除了装饰在短剑、刀、匕的柄首部，还流行于各式的牌饰上。战国时期的动物纹，突出的是造型精致的动物咬斗纹，表现动物相互咬斗的场面，其中以猛兽捕咬家畜为多见，如虎咬羊、猪、马、牛，还有虎鹰搏斗和狼背鹿等，多为浮雕，构思巧妙，生动地再现了草原上弱肉强食的画面。各种动物纹造型以写实为主，同一种动物姿态各异，有静有动，有立有卧，或昂首，或低头，可谓栩栩如生。植物纹、人物纹、几何图案在鄂尔多斯式青铜器也有所体现，但数量较少。例如陕西沣西客省庄出土的长方形铜牌饰，可以清楚地看到匈奴男子的服饰和发髻情况。

鄂尔多斯式青铜器有许多鎏金银制品。部分形制复杂的器物，采用了代表当时冶金铸造业最高发展水平的失蜡法铸造技术制作而成。

七 仿古伪作青铜器篇

中国古代青铜器，其造型和纹饰有很高的艺术价值，铭文有重要的历史价值，是传统文化的重要组成部分。北宋之前，商周青铜器已有发现，但数量很少。北宋之后商周青铜器不断出土，受到帝王的重视和民间的推崇，从而提高了青铜器的经济价值。受利益所趋，一些不法分子大量盗掘古墓，还有一些古董商人大肆仿造青铜器。因此自宋代以降，在青铜制品中留下了不少赝品，使铜器辨伪成为文物鉴定中的一个重要方面。

1．什么是仿古伪作青铜器？

宋元明清时代，铜器铸造业虽然也有着一定的时代特点，但多制造仿制品与伪造品。所谓仿制与伪造，是指模仿先秦两汉时代铜器的造型、花纹及文字进行仿造。

一般说，仿制与伪造两者在概念上有一定的区别。前者是后人因宗庙祭祀或在日常生活等方面实用的需要，而按照先秦两汉时代铜器的特点进行制作。所铸器物不必完全像被模仿的器物，只是在器形和花纹方面大体相似即可。有些仿制器物在器形、纹饰、文字等方面还有一定的创新，具有仿造器所处时代本身的特点。后者的制作目的是牟取暴利，这就要求假器与真器完全相同，以达到以假乱真的程度。近年来为了对一些青铜珍品加以保护，常常用真品翻模出与真品一样的器物进行陈列。人们将翻制出的器物称为复制品，精者也可以达到以假乱真的程度。有时为了商业的需要，在复制品的底上铭有“复制”字样。总之，仿制是对古代文化的尊重和仰慕，伪造是蓄意而为，意在牟利，两者不能相提并论。

青铜器的作伪历史，从古代文献看，由来久矣，可追溯至东周时代。自宋代以来，由于金石学的兴起，以及仿古之风的蔓延，仿造伪作的青铜器数量大增。尤其是清代以来，青铜器的收藏和研究之风兴盛，由于宫廷的提倡，一些富有的、身任高位的学者多方收罗出土青铜器，编录关于青铜器的著作，使青铜器价格提高，大大刺激了古玩界，于是青铜器作伪之风开始炽烈起来。清末，随着列强的入侵劫掠，中国古物大量流落海外，造成了中国

图196　宣和三年尊
宋
高27.7厘米　口径20厘米
现藏北京故宫博物院

文物市场的畸形发展，作伪之风日益滋蔓。当时的山东潍县、陕西西安、河南洛阳等地成为有名的作伪中心。

由于以往某些著录家辨伪功力不够，因此在过去的一些著录里，常有将伪器与真器混杂的现象。乾隆时期编的《西清古鉴》、《西清续鉴》（甲乙篇）、《宁寿鉴古》四部书内著录的铜器中就有诸多伪造与可疑之器，而这些器物基本上是元、明时代留存下来的，从此便可知宋以后伪作铜器之盛。

有作伪即有辨伪。关于商周青铜器的辨伪，早在宋代赵希鹄所著《洞天清禄集》中，就有古钟、鼎、彝器辨。明代高濂《新铸伪造》记录了仿造古代青铜器的方法。清代张之洞《广雅堂论金石札》云铭文模糊者，就是作伪。陈介祺所编《簠斋尺牍》也论及青铜器的辨伪。容庚《商周彝器通考》有辨伪一章，比较详细地论述了早期青铜器作伪的若干问题。

【小辞典】

《西清古鉴》

清代金石学著作。梁诗正等廷臣奉敕编著。编于乾隆十四年（1749年），两年编成，四年后内务府刻本，楷书精印极佳。仿效宋《博古图》体例，共四十卷，另附《钱录》十六卷。卷首有参与编书诸臣名单。共录青铜器1436器，镜93面，但所收伪器甚多，估计占十分之三到十分之四。此书摹绘甚精，但铭文缩小，亦多失真。

《宁寿鉴古》

清代金石学著作。乾隆敕编。成于乾隆四十四年（1779年）。十六卷。共收青铜器600件，镜101面。编辑体例与《西清古鉴》相同。

2. 宋元仿古铜器

北宋中期始，复古之风兴盛，宋徽宗赵佶尤崇古好古，因此宫廷大量仿制古铜器。都城开封是宋代仿古的重要基地。

图197 唐仿西周觯

图198 用唐代铜镜改造成的刀

宋代仿制古铜器，主要仿商至汉魏六朝的铜器。仿造器物多种多样，大致有鼎、簋、豆、尊、罍、瓿、壶、觥、觚、卣、盘、匜、洗、炉、钟等，还有各种鸟兽尊，如牛尊、鸮尊、凫尊和新创造的天鸡尊等。多以商周时代真器作模式，器形、纹饰等仿造得相当逼真，还模仿范铸痕迹和垫片技法，仿制水平颇高，使仿器与真器无甚大区别。但严格讲，仿器仍较真器粗拙。仿器的形体一般较大，缺乏原器的韵味。器体厚重，但铜质粗糙发暗，无亮地子，有硬锈也仅是一层，显得浮薄；有耳器器耳外形发圆，泥膛小，没有红、灰范土，即使伪造有范土，也不如经过铸烧的范土坚硬；圈足及口沿均圆滑齐整，尤其是圈足底部没有向内的扉茬；纹饰仿得很逼真，但地纹都较模糊；铭文铸刻相当细致，但字比商周器铭浅；用松石沫浇上或作上红、蓝锈，或经过作旧，伪造成熟坑器；仿造器上所表现的金属细工工艺很发达，如嵌错金银丝的觚、嵌金银片和松石的牺尊、鎏金豆等，但仿镶嵌金银片、松石的器物比春秋战国时的真器水平低。元代对古器物的仿造不如宋代。仿造有商周器，汉代的簋、炉及唐代的玉壶春瓶等，质量比宋代仿器低劣。成组的仿商周器，往往被作为祭器置于寺庙内，形体笨重，做工粗糙。一般为红铜质，铜质发黄，地子发乌，无光泽。花纹模糊不清，纹饰自相矛盾，违反时代规律。铭文始用楷体，字体不工整，软弱无力。常有本朝年款，器形、纹饰等或多或少带有本朝代的特征。

3．明代仿古铜器

明代崇古风气较为淡泊，文人学士对古铜器的研究也远逊于宋代，仿古青铜器质量低于宋代。明间仿古铜制作以江南为重点，嘉兴、松江、苏州等地是仿古铜集中之地。宫廷仿器质量尚佳，民间仿器则粗糙，分量过重，有压手感，色泽黄中闪白，显不出黑地子，即使作出黑地子也偏黄。主要仿的是商代至汉魏六朝的铜器，仿制种类多，有鼎、簋、甗、盨、敦（有球形的）、觚、觯、卣、罍、尊、瓿、壶、钟、砚滴等，大小器皆有，较元代仿古面要广。还出现了一些特殊形制的器物，如百环方形觚、贯耳

图199　宋仿“大晟”编钟之林钟

图200　元仿商簋

觚、出戟大尊、长筒形觯、小球形敦。无铸痕和垫片，一些仿器纹饰繁缛，添枝加叶，不伦不类。器上有的有纪年，写明本时代，如“嘉靖”；有的写古代纪年，如“元朔”、“建安”；有的器上有“某人造”款样，如“陈大声造”。有错金银与鎏金器物。

明代的仿制青铜器尤以宣德年间制作的宣德炉闻名于世。明宣宗时，因郊庙所用彝鼎不合古式，命工部尚书参照《博古图》等书，及宫廷所藏秦汉以来炉、鼎、彝器之格式及柴、汝、官、哥、钧、定各窑之式更铸，会同司礼监司铸冶。当时总共铸造3300余件，除宫中御用和各王府、官府陈设外，还分赐各神庙祠坛等，后有相当数量流落民间。宣德炉所用铜料为暹罗（泰国）进贡的“风磨铜”，羼入金、银、铅、锡等各种金属进行10～12次熔炼，质地极为精良，非一般铜质所能比拟，并且常用赤金鎏里，镶嵌金银丝片、绿松石等各种名贵宝石。色泽极为美观，有栗壳、茄皮、棠梨、褐色、藏经等色，以藏经纸色为第一。款识一般是“大明宣德年制”，也有无“大明”二字的，有的还加写“珍玩”二字。宣德炉是明代著名的工艺美术品，后仿制者很多。

4．清代仿古铜器

清代仿器比明代精细，而且数量多。尤其是乾隆年间，宫廷设立了内务府造办处，仿制铜器有专人负责。宫廷仿器质量较高，民间仿器很低劣。仿制种类没有宋、明时的多，主要有鼎、尊、罍、觚、卣、壶等。特殊形制的器物主要有百环尊、方口觚、出戟大尊、扁足方鼎、天鸡尊等。铜质泛黄，与黄金色相近，分量过重。常作上黑地子后打腊，冒充熟坑器。采用分铸法，先将各部分分别铸出，然后焊接，焊接前多将各部分的铸痕加以磨砺，因此无铸痕而有焊接痕迹。无垫片，但有补痕。宫廷仿器多有古器摹本作依据，整体造型大致与原器相似，但常添枝加叶，意欲锦上添花，实际上却流于不伦不类。兽面纹常变形，呈蝴蝶状。镶嵌、鎏金器比宋代精湛，但镶嵌繁杂，金、银、玉、石往往同在一器。

由于清代大力提倡“朴学”，证经补史的考据学在乾隆、嘉

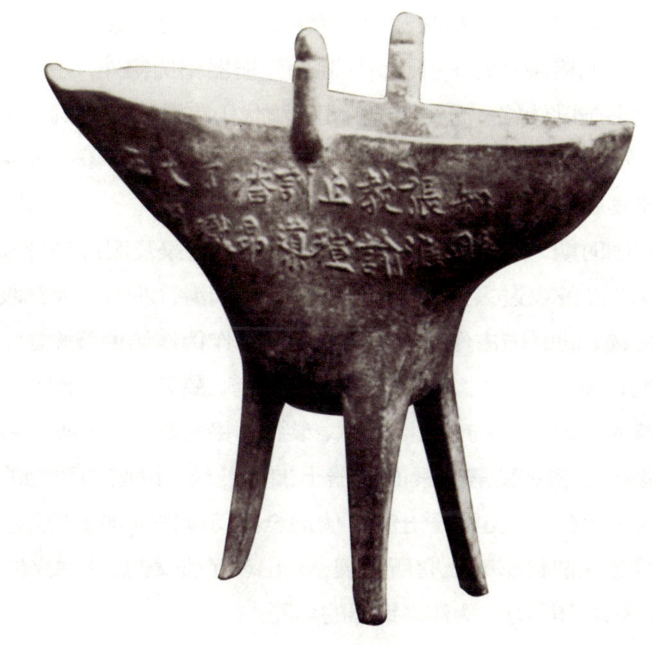

图201　明正德庚辰年仿古爵

图202　宣德炉
明
高10.6厘米
现藏台北“故宫博物院”

庆朝以后更加发展。金文在考据学中的价值很高，因而具有铭文的铜器受到文人雅士和收藏者的重视，成为首选，其经济价值自然要超出无铭铜器若干倍。清代除伪作铜器和伪铭外，还在无铭的真器上施以伪铭。需要指出的是，清代山东潍县仿造铜器赫赫有名。如北京故宫博物院藏一件“陈侯鼎”，器物属明仿，而铭文则是潍县后作的。

民国时期，古器物材料空前积累，有关著录及图片等越来越多，技术设备较过去先进，作伪手法日趋精湛，外国人大肆收购中国文物。此时仿古作伪之风达到高潮，作伪作坊遍及全国。所见器类有鼎、簋、鬲、斝、角、觥、天鸡尊、鹤尊等。伪作的铜器常常整体都是伪作的，包括器体、装饰、铭文等。由于收藏者审美情趣的增强，又常在素面真器上加刻花纹，以增加器物的优美。这时伪造铭文也频繁出现，伪造全器可以铸或加刻伪铭。伪作的技艺在前代基础上有所发展，并出现了张泰恩、张文普、张书林、王德山等仿古伪作青铜器的名匠。

【小辞典 · 熟坑器】

指早期发掘出土的铜器，后成为传世器物。地子、锈斑自然生成。外表多打过腊，将器物的锈层、地子全覆盖在里面。

5．仿古伪作青铜器的地点

苏州是近代仿古作伪的重要基地之一，其伪造青铜器的历史早于北京。晚清至民国期间，苏州仿古铜名匠有周梅谷、刘俊卿、蒋圣宝、骆奇月、金润生。特点是：（一）多仿河南安阳殷墟的商代器物，仿得精致、逼真；（二）胎质的合金成分与北京不同，冶铜时一般都加入银元或银元宝，因此铜质好，生成的地子亮，闪白，皮色用大漆加颜色作出；（三）分铸组装时铸痕不打磨掉，无垫片，器身常出现砂眼；（四）伪器与真器大小不一致；（五）花纹流畅、利落；（六）铭文錾刻得较深，而且规整；（七）器物口沿、扉棱的边缘及棱角发硬，缺少圆润柔媚之感。总之，

图203　清乾隆年间仿汉博山炉

图204　清仿古带钩

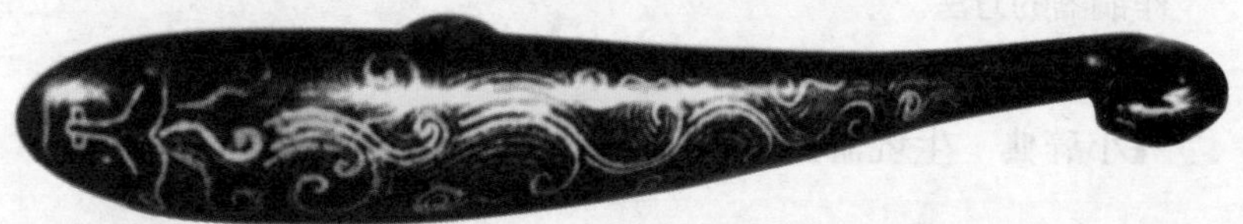

苏州的仿古伪作青铜器在铜料、皮色、锈斑、铭文等方面都有独到之处，铸造技巧较潍县精细，仿熟坑器比北京好，但伪造的生坑器有的不如北京。

山东潍县仿古铜器约始于400年前。著名仿古铜名匠有范寿轩、王荩臣、王海等十几位。特点是：（一）多按《西清古鉴》图录仿造，造型、纹饰多不符合商周铜器特征；（二）采用组装法，耳、足、身等分铸，再用焊锡将其组装成器，焊接处不是范痕，即使作上假锈，将锈去掉便露出锡；（三）有的用蜡模翻铸，铸出的器物壁厚体重，有砂眼；（四）作锈方法是先用盐酸浸泡，埋入黄土中，再盖上湿麻袋，让器表生出地子和锈；（五）王荩臣、王海父子伪刻铜器铭文极为逼真。

西安是仿古作伪青铜器较早的地区，在真器上錾刻伪铭即始于西安。近代西安仿古作伪的特点是：（一）仿造度量衡器居多；（二）作锈方法是将伪器埋入地下若干年，使得生成的锈与真器的锈近似，与酸咬、堆积成的锈不同；（三）铭文錾刻方面非常突出，有“凤眼张”、苏亿年、苏兆年等錾字作伪巧匠，多在诏版、量器上刻伪字。

北京是近代民间仿古作伪青铜器的重要基地。所造伪器华丽、精巧，形制奇异，地子、锈斑也很逼真。著名的作伪匠师有张泰恩、张文普、张书林、王德山、张子英等。特点是：（一）伪作的商周重器和鎏金器最多；（二）发明多种作锈方法，如张文普研究出使用酒精浸泡漆皮，再调和颜色的方法作假锈，王德山发明作假地子、假锈的新技术，即“漆地磨光”和“点土喷锈”；（三）伪作的“黑漆古”、“绿漆古”其他地区不可比，所作“黑漆古”地子可几十年不变色；（四）仿刻商周铜器花纹十分熟练，但纹笔呆滞不畅，缺乏商周花纹的韵味；（五）采用石膏修复、制作铜器的方法。

【小辞典·生坑器】

指曾埋入地下的铜器。锈经历千年自然生成，颜色及层次很复杂，但为自然杂列，色沉厚而入骨，不浮。附着地子的一般为

图205　民国王德山伪作提梁卣

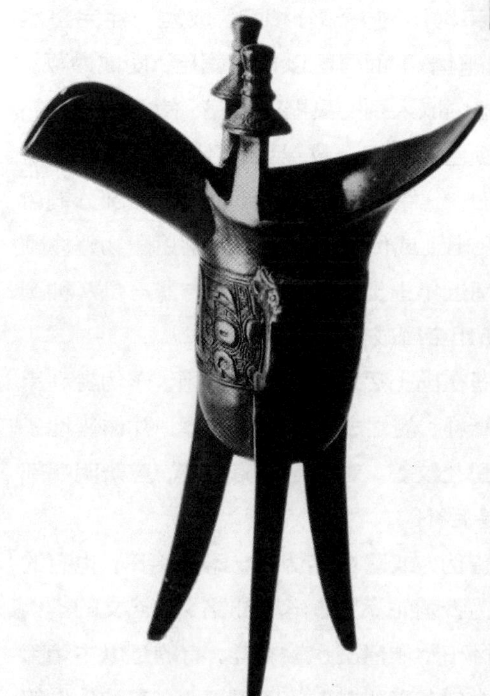

图206　民国仿商爵

红锈层，其上为绿锈层和亮锈层，锈很坚硬，指甲抠不动，即使用刀或锤剔敲，脱落的也是锈斑块，而不是锈末。

6. 铜器伪作之法

伪作铜器出现较早。随着时代的推进，伪作方法日益增多，技术手段也日益高超，有的几乎可以乱真。目前所见，铜器的作伪主要有以下几种情况。

第一，器物整体均伪，包括器体、花纹装饰和铭文。作伪者常常利用真铜器翻模铸造新器，或以某件器物的图形为蓝本来作伪器。如旧时常仿《博古图》上的鸟兽尊。这些伪器作好后，先埋于地下，使其生锈，两三年后再取出。

第二，器物是拼凑改造的，即过去古董商人称的“捣撤货”。拼凑器基本上可分成二种情况。一是器物的每一部分都是古代残器，而将残器重新配合在一起，使之成为一件完整的铜器。例如甑的下部配以鼎，以成甗，这与甑下应是鬲则大相径庭。二是由真器的残体和伪作的一部分相配，成为一件完整器物。例如利用缺三足的鼎体，下面再配以校和圈足，使成为豆。还有一种情况，是在真器内嵌入别的真器的真铭，使之成为有铭器。拼凑改造器的整体颜色往往不一致，因此明眼人一看便知是拼凑器。但不能绝对认为，一件器物的某一部分与其他部分铜色不同就一定是拼凑器。在出土或传世的铜器中也常见器物整体颜色不一致的情况。如湖南近年出土的戈卣，提梁与器身是两种颜色，表明在分铸时提梁所用金属成分与器身不同。

第三，旧时一些铜器在出土后，破损残缺严重，作伪者利用其技能，将破损器进行修补，使之成为一件完整器，并作假地子和假锈，如有花纹并补配花纹等。对于这种修补器，应辨明哪部分是原器残件，哪部分是后补的。

第四，器物与铭文皆伪，或器真铭伪，或器伪铭真，也有的是真器上已有铭文，作伪者画蛇添足，再添补铭文。铭文的辨伪很重要，铜器伪铭的选材和制作情况也较多样，有的是以古籍著录的拓本内容为蓝本，再刻在真器或新铸的铜器上，有的伪作铭

图207　西周中期班簋残片

图208　西周中期班簋（复原）

图209　宋仿商簋

文是利用真铭的一部分铭文，与古籍记载的铭文相拼凑。例如现存英国的晋侯盘，铭辞主要取材于散氏盘铭、石鼓铭，以及《尚书》、《左传》中的词语。

第五，器真，花纹是后刻的，或在真器残存的一部分花纹上再增添假花纹。铜器花纹是断代的重要依据。作伪之人在铜器上雕刻某时代的典型纹饰，往往可以混淆视听。

第六，铜器辨伪的复杂性还表现在某一件铜器上器物、花纹、铭文的真伪共存，这就需要逐一地认真进行辨伪，且不可只顾一点，而忘记其余。

7. 如何辨别伪铜器？

伪作技术的日益发展，使辨伪成为一项艰巨的工作。掌握先秦以至两汉青铜器的铸造、种类、造型、花纹、铭文等一些基本知识，了解青铜器的发展演变规律，是辨别青铜器真伪的基础。

辨别伪作铜器，对地（皮色）与锈的辨别是很重要的一环。由于先秦两汉的青铜器年代久远，不同时期不同地方铸造的铜器铜质不同，又因掩埋地的土质或水质不同，这些因素作用于青铜器表层，会引起青铜本身质变，形成不同颜色的地（皮色）和锈。地、锈都有一二十种，但主要为绿、蓝、黄、白、红、黑等。真器由于铸造年代久远，形成的地子一般是发亮的，而伪作的假地子则发暗。在铜锈上，真锈由于长时间的腐蚀，不是浮在铜器表面上，而是犹如矿藏一样，是一层一层长出来的，渗透到了铜质内部，因此锈块结实坚硬，不易剥落。各个地区的铜器表层和铜锈很不相同。从出土的青铜器来看，一般来说，陕西地区出土的青铜器，表层保存得较好，铜质分解不严重，铜锈变化不太复杂，而殷墟、洛阳出土的青铜器，铜质层次非常复杂，变化很多，铜质保存状况一般不佳。长江流域湖南、安徽等地，铜质本身腐蚀相当严重，有的只剩下极薄的一层铜质。假锈往往是在短时间内形成的，仅浮在器的表层，锈块较软，弄下来易搓成粉末状，又因是假锈，锈一下来，就会露出新铜。

辨别伪作铜器，对器形、纹饰、铭文的辨别也很重要。伪造

图210　春秋前期陈侯鼎

的青铜器外形没有真器那么有生气，伪作的纹饰、铭文也没有真器雄伟浑厚的气韵。真器纹饰一般层次分明而平整，而伪作纹饰则软而凸散，且没有铸造真纹饰时常出现的铸瘤。真铭文，商周时代一般为铸字，字体匀整，深浅如一；而伪铭文则见有刀凿痕，字体呆板无神韵。在真器上所刻的伪铭，常将铭文刻在垫片上，这就是大露破绽。在真器上补刻伪铭时也常将器物的锈斑与氧化层破坏，字口内光亮干净，辨者常可一目了然。

辨别伪作铜器，还可从铸造工艺上辨别。商周时代的青铜器，极大部分是用陶范法铸成的，后代未知此法，作伪者只能用失蜡法铸造。用陶范法铸造，在陶范拼合时，会因有微小的错位而呈现出范线。这种痕迹有明显的，也有不很明显的。而用失蜡法伪造的青铜器，表面较精细，少数甚至可以达到与陶范法差不多的铸造效果。但用这种方法，早期伪造的青铜器是没有任何范铸拼合痕迹的，后期失蜡法伪造的青铜器在模上贴蜡片，铸造后所显示的痕迹肖似陶范法铸造产生的范线，但陶范法的范痕是凹陷的，而失蜡法贴蜡片产生的痕迹是不接合或错位的条痕，二者还是存在差异的。

伪器是新铸的，扣击时发出的声音清脆，犹如新铜，而经过地下腐蚀较深的青铜器，铜质已经矿化，所以发出的声音以浑浊者居多。当然，埋藏在极其干燥而又纯粹的土层中的青铜器，敲击时也有声音好的，但非常少见。因此听声也可作为辨伪之法。

此外，辨别伪作铜器可从整体风格的一致性上来判断。真器所表现出的造型、花纹、铭文等方面风格是一致的，而伪器常常风格矛盾。比如在汉代铜器上补刻商周文字，对青铜器稍有常识的人都可辨别出来。

图211　仿春秋前期陈侯鼎

图书在版编目（CIP）数据

名家点金·文物知识系列. 青铜器卷／中国文物学会专家委员会主编. —济南：山东教育出版社，2013
ISBN 978-7-5328-6317-4

Ⅰ.①名… Ⅱ.①中… Ⅲ.①文物—介绍—中国②青铜器（考古）—介绍—中国—古代 Ⅳ.①K87

中国版本图书馆CIP数据核字（2013）第054179号

名家点金·文物知识系列
青铜器卷
中国文物学会专家委员会　主编

主　　管：山东出版传媒股份有限公司
出 版 者：山东教育出版社
（济南市纬一路321号　邮编：250001）
电　　话：（0531）82092664　传真：（0531）82092625
网　　址：http://www.sjs.com.cn
发 行 者：山东教育出版社
印　　刷：山东临沂新华印刷物流集团
版　　次：2013年4月第1版第1次印刷
规　　格：630mm × 960mm　16开本
印　　张：16.5印张
书　　号：ISBN 978-7-5328-6317-4
定　　价：48.00元

（如印装质量有问题，请与承印单位联系调换）
（电话：0539-2925659）